U0112736

唐浩明評點曾國藩日記

三

國事類選的是涉及有關國家之事的日記。曾氏是一個謹慎的人，對於軍國大事，他的日記並不過多涉及。即便提到，也不深入。所以，我們很難在他的日記中挖掘出當時朝廷重大决策的內幕與湘軍軍事部署的機密。但是，畢竟曾氏身處特殊位置，哪怕他僅僅衹是淺淺地提到、簡略的記載或以旁觀者的姿態觀察，他日記中的這些文字，也可以成爲有心者、慧眼人眼中的珍珠。

比如，曾氏在日記中兩次記下大年初一皇宮裏的拜年。一次是道光二十一年，一次是同治八年。它讓我們看到宮內的拜年究竟是一個什麽樣的活動，它有哪些內容，參與者是些什麽人。尤其是若將兩次拜年細加比較的話，還可以發現其中的异同之處。相同之點，是其最主要的儀式衹有兩個：一個是皇帝率百官向太后拜年，一個是百官向皇帝拜年。不同之點，是前一次熱鬧鋪張，後一次簡易節制。道光不是一個奢侈的帝王，慈禧也不是一個儉樸的太后，之所以呈現出這等差异，主要的原因，一是承平年間，一是大亂之後。由此可見，十多年的內戰，對國家元氣的傷害之大。

曾氏的日記中還有向慈禧太后拜壽的記載。拜壽活動極爲簡單。十五歲的同治帝率領一批高級官員在慈禧所住的慈寧宮門外行了一個禮。禮畢，活動即結束。慈禧本人連面都没有露，更没有什麽賞賜物品，連大家在休息室裏吃的點心，都是江西按察使俊達請的客。幾乎所有的稗官野史都極其能事地渲染慈禧是如何的奢華，如何地愛講排場。或許，慈禧也可能就是這樣一個人。但曾氏的日記也爲我們提供了另一種信息：早年的慈禧在個人享受上還是有所節制的。這一方面固然是前面説的國家元

氣大傷的緣故；另一方面，慈禧掌權不久，且還有慈安在名義上居她之上，她還不敢恣意肆爲。

曾氏的日記還爲我們提供了一些難以想象的真實細節：皇帝賞賜大臣們的禮物，太監居然可以從中調包；朝廷頒發給軍事統帥的象徵王命王權的信物，竟然粗陋得如同戲臺道具、小兒玩具！這樣的政權，它的崩潰絶對是必然的事。儘管謹慎的曾氏未在日記中流露他的情感，但想必他當時的心一定是涼透了！

□皇家拜年

原文

丑初，請駕。浄面、冠服畢，詣明殿，神前拈香，次拈斗香。詣天地前，拈香。詣西佛堂、東佛堂，拈香，放炮燇。至東暖閣，少坐。丑正，從吉祥門乘轎，由瓊苑西門至天一門，拈斗香，次詣欽定殿拈香，放炮燇。步行至門壇，拈香畢，乘轎，由殿後瓊苑東門至天穹寶殿，拈香，乘轎，由景和門進乾清宮東邊後槅扇。

丑正二刻，外邊，奏請。上從乾清宮殿檐前乘轎，東、西丹墀放炮燇。出乾清宮門，由景運門至奉先殿，行禮畢，乘轎，由景運門至乾清門外，尚乘轎。首領太監接請進乾清門，由月華門進遵義門，還養心殿，送焚化，放炮燇。至東暖閣少坐。寅初，從吉祥門乘轎，由隆福門至坤寧宮，詣西案、北案、竈君前拈香畢，東、西丹墀放炮燇，乘轎，進乾清宮後槅扇。至東暖閣，神牌前拈香。乘轎，至聖人前、藥王前拈香。乘轎，至乾清宮殿檐前下轎，至西暖閣，少坐。

寅初二刻，外邊，奏請。上從乾清宮殿檐前乘禮轎，東、西丹墀放炮燇。一出乾清門，詣堂子行禮畢，乘禮轎，至乾清門内換轎，由日精門進祥旭門，至惇本殿，詣孝淑睿皇后御容前，拈香。行禮畢，乘轎，出祥旭門，由日精門、月華門進遵義門，詣太陽供前拈香。還養心殿，皇貴妃等遞萬年吉祥如意。上辦事，進早膳。

卯初二刻，慈寧門外至長信門外，設皇太后儀。卯初二刻，總管王常清、呂進祥請皇貴妃、彤貴妃、琳妃、恬嬪、定貴人、常貴人、成貴人、琭貴人、佳貴人、順常在、四公主、六公主乘轎，出啓祥門，進慈祥門，至壽康宮，詣皇太后前，遞如意，至西配殿等候。

卯正一刻，上從養心殿乘轎，出遵義門，至内右門内。乘禮轎出内右門，由隆宗門至永康左門外，步行至慈寧門下幄次等候，禮部堂官轉傳與内監，奏請隨壽康宮總管卜進朝、黄得福，奏請皇太后具禮服升慈寧宮寶座，禮部堂官引萬歲爺至拜褥前，率諸王大臣等行三跪九叩禮。禮畢，壽康宮總管卜進朝、黄得福，奏禮畢，皇太后起座還宮，上步行至慈蔭樓樓下等候。慈寧宮鋪設拜氈畢，總管一名，請皇貴妃、彤貴妃、琳妃、恬嬪各就拜氈立。壽康宮總管卜進朝、黄得福，奏請皇太后升慈寧宮寶座，皇貴妃、貴妃、妃嬪等位行六肅三跪三拜禮。禮畢，壽康宮總管卜進朝、黄得福奏禮畢，皇太后起座，出後槅扇，皇貴妃、貴妃、妃嬪等位從後槅扇乘轎，出慈祥門，進啓祥門，由隆福門進乾清宮後槅扇，至東、西暖閣等候。皇太后至西側殿更衣，次至壽康宮後殿西暖閣升座。總管一名，奏請從慈蔭樓步行，進慈右門，至壽康宮後殿西暖閣，詣皇太后前，遞如意。畢，乘轎，出慈祥門，進啓祥門，至鳳彩門外，步行至弘德殿，少坐。步行，由乾清宮西暖閣至殿檐前乘禮轎，東、西丹墀放炮燇。出乾清門，由後左門御中和殿受禮，次至太和殿約辰初升座，受賀。總管一名，引四阿哥、五阿哥、六阿哥詣皇太后前行禮，次引定貴人、常貴人、成貴人、琭貴人、佳貴人、順常在、四公主、六公主詣皇太后前行禮。畢，坐轎出慈祥門，進啓祥門，由隆福門進乾清宮後槅扇，至東、西暖閣等候。總管一名，引如貴妃、恩嬪詣皇太后前，遞如意，行禮。

上在太和殿受賀畢，乘禮轎，由後左門至乾清門外，尚乘轎。首領太監接請進乾清門，至乾清宮殿檐前下禮轎步行，升乾清宮寶座，受皇貴妃、彤貴妃、琳妃、恬嬪、定貴人、常貴人、成貴人、琭貴人、佳貴人、順常在、四公主、六公主禮，次受四阿哥、五阿哥、六阿哥禮畢，總管二名，奏禮畢，步行，出鳳彩門，進吉祥門，還養心殿更衣，少坐。總管王常清、呂進祥請皇貴妃從後槅扇乘轎，還鐘粹宮，受四阿哥、五阿哥、六阿哥、四公主、六公主禮畢，乘轎還養心殿。彤貴妃等位從後槅扇乘轎，還養心殿。

辰正一刻，上從吉祥門乘轎，由瓊苑西門出順貞門、神武門，至北上門，至太高殿。拈香畢，乘轎出東隨墻，進景山西門，至壽皇殿。行禮畢，乘轎，由西山道出北上門，進神武門、順貞門，由瓊苑西門、隆福門進乾清宮後槅扇，至西暖閣。見軍機大臣畢，步行出鳳彩門，進吉祥門，還養心殿。

儲秀宮後殿，遣六公主拈香。思恩室南案、髮塔前，遣四公主拈香。惇本殿東、西佛堂，齋宮前殿、崇敬殿，遣許福士等拈香。乾清宮東暖閣佛前，遣田進喜拈香。坤寧宮東暖閣佛前，遣王常清拈香。湛静齋，遣趙喜拈香。

中正殿等處，遣惠親王拈香。

大光明殿、天慶宮、仁壽寺，遣裕誠拈香。雷神廟、福佑寺、時應宮，遣文蔚拈香。瀛臺等處、萬善殿，遣阿靈阿拈香。大西天、闡福寺、極樂世界、萬佛樓，遣那遜巴圖拈香。永安寺、火神廟，遣仁壽拈香。雍和宮、柏林寺，遣車登巴咱尔拈香。風神廟、雪神廟、普慶寺，遣德勒克塞楞拈香。弘仁寺，遣僧格林沁拈香。（道光二十一年正月初一日）

評點

這篇日記保存在臺灣學生書局一九六五年影印版《湘鄉曾氏文獻》中，各種版本的曾氏日記均未

收，二〇一一年岳麓書社修訂版《曾國藩全集》將它補入『日記』卷中。

這篇日記較爲詳細地記載了道光二十一年大年初一這一天，皇宮内皇家拜年的實況。當時，曾氏以翰林院官員的身份入大内隨班朝賀，得以近距離地觀察全過程。因爲是第一次參加這等榮耀的活動，曾氏應該很激動，回家後將他所看到的這個過程細細地回憶着，並記了下來，爲今天的讀者保留一份難得的資料。

曾氏這天凌晨一點便起床，洗臉，穿衣，然後拈香拜神拜天地拜佛祖，然後到東暖閣坐一會兒。凌晨兩點，由吉祥門坐轎，一路拈香放鞭炮，最後由景運門進入後宮，在乾清宮外候駕。

凌晨兩點半，道光皇帝在乾清宮檐前上轎，東、西兩丹墀放鞭炮。從景運門出，到奉先殿禮拜祖宗。禮畢，乘轎到乾清門外，然後再改爲步行，經月華門進遵義門來到養心殿，在這裏給祖宗送包封，放鞭炮，再到東暖閣稍事休息。凌晨三點，道光帝從吉祥門乘轎，經隆福門到坤寧宮，到附近各處拈香放鞭炮。三點半，道光帝出乾清門到堂子行禮，禮畢回到乾清門換轎，再到惇本殿孝淑睿皇后畫像前拈香行禮。禮畢去太陽供前拈香。這些活動結束後，道光帝回到養心殿，接受皇貴妃等遞上來的萬年吉祥如意，然後辦公事吃早飯。

五點半，從慈寧門外至長信門外一路擺好皇太后的儀仗，然後總管太監請妃嬪、貴人、常在及兩位公主乘轎，到壽康宮拜見皇太后，遞如意，禮畢在西配殿等候皇帝。

六點稍過，道光帝乘轎由隆宗門外出，再改由步行至慈寧門等候。這時，内監請皇太后穿禮服升慈寧宮寶座，然後由禮部堂官引道光帝率領諸王大臣向皇太后行三跪九叩禮。禮畢，皇太后起座還寢宮，皇帝則在慈蔭樓上等候。慈寧宮裏鋪設供跪拜用的氈子，鋪好後，再請妃嬪等進宮站立，然後請

出皇太后回慈寧宮升座，妃嬪向皇太後行六肅三跪三拜禮。禮畢，皇太后離開慈寧宮，在西側殿更衣後至壽康宮後西暖閣升座。道光帝由慈蔭樓步行至壽康宮西暖閣拜見皇太后，遞上如意。禮畢，乘轎至鳳彩門外，改步行至弘德殿，稍事休息，再步行至殿檐前乘禮轎出乾清門到中和殿受禮，再到太和殿升座，接受百官的賀禮。同時，總管引各位阿哥、妃嬪、公主依次向皇太后行禮。

皇帝在太和殿受賀完畢，回到乾清宮升座，接受各位妃嬪、公主、阿哥的拜年。

八點一刻，皇帝出神武門來到太高殿拈香，然後進景山西門至壽皇殿，禮畢再返還乾清宮西暖閣，見完軍機大臣後，再回到養心殿。

其他各處，則遣公主、太監、親王、皇族等去拈香禮拜。

皇家的大年初一拜年，其核心內容衹有兩個，一爲皇帝率妻妾子女向皇太后拜年，一爲妻妾子女及文武百官向皇帝拜年。却弄得如此繁瑣複雜。這一天，曾氏從凌晨一點到上午八九點，長達七八個小時在皇宮內當班，一點兒也不能有差錯，整個神經綳得緊緊的，但好在他一則年輕、二則第一次親歷這等場合，想必他是興奮有餘，不會感到勞累。而這時的道光皇帝已是六十高齡，也得從凌晨一點忙到上午八點多，則够辛苦了。其他人，從皇太后到各位妃嬪、阿哥、公主，以及參加這次活動的所有文武官員，大概這一天都是勞累不堪，內心叫苦不迭。這種繁文縟節真個是勞民傷財。然則，不這樣又行嗎？在那個時代是絕對不行的。即便在今天看來，此類活動也不能完全取消，衹宜簡化而已。

□再次復出，扎老營於江西建昌府

原文

卯刻拔營，行二十里至永安橋小憩，南城縣派家丁在此辦早尖。家人、巡捕、轎夫等皆吃飯。飯後行三十里至建昌府城。縣令黃鳴珂力疾迎於十五里外。旋接見黃署守秉珍，及寶勇四營在郡之營官羅近秋等，又見建昌本營游擊季超群等。在城內公館中飯，公館即鳳崗書院也。飯後回營盤，在北門外三里許。是日行路較遠，見客稍多，頗覺倦乏。（咸豐八年九月初九日）

評點

現存的曾氏日記，在咸豐八年六月之前是不完整的。或是曾氏本人恒心不够，並沒有將道光十九年開始的日記連貫地記下去；或是年代久遠、戰時無定，中間有的部分已遭散失，總之，曾氏的日記直到咸豐八年六月初六日起纔逐日記載，沒有缺失。二〇一一年修訂曾氏全集時，又將新發現的曾氏去世當天的日記補上。

曾氏在咸豐二年底，決心移孝作忠，奉旨出山，出任湖南省團練大臣。之後招募團勇，組建湘軍，在湖南、湖北、江西等省與太平軍交戰，互有勝敗。咸豐七年二月，曾氏因父親去世再次回原籍守喪。咸豐八年四月，湘軍相繼攻克江西九江、撫州、建昌，江西的太平軍逃到福建。鑒於周天受資望較淺、和春患病未愈，朝廷決定再次啓用曾氏，命曾氏迅赴江西，率部援浙。曾氏六月初三日奉旨，初七日由家啓行，十二日抵長沙，刻『欽命辦理浙江軍務前任兵部侍郎關防』木印，即以此頭銜辦理軍務。

曾氏六月十九日由長沙登舟，一路經武昌、巴河、湖口，七月二十四日抵南昌。途次接到上諭：浙江解危，以援浙之師由江西鉛山直搗崇安，掃清福建。曾氏由南昌啓程，經余干、安仁到弋陽。九月初七日，來到江西建昌府城，此地與福建接壤。曾氏在建昌府城住了五個多月，由此開始他軍事統帥的第二段生涯。

我們可以從這段日記中看到當時官場迎接上司的場景。進入建昌府後，府衙所在的南城縣令即派家丁在交界處辦早點迎接。將到府城，縣令帶病親自到十五里外迎接。曾氏隨即又接見建昌代理知府及湘軍與綠營將官。進城後，住進城内最爲寬闊體面的建築鳳崗書院，以此作爲欽差大臣的臨時公館。復出的曾氏，受到全境光復後的江西地方高規格的熱情接待。

□初聞三河之敗

原文

早，清理文件。飯後，吴子序來久談。午刻傳見吉中營哨官三人。劉兆龍帶長夫百餘人來，江龍三亦來。接四弟信、叔父信，言家中事頗詳。李筱泉來久談。中飯後，聞成章鑒在吴城病故，不勝悲悼。成以武弁而知忠義愛民，謀勇兼優，方冀其繼塔、楊而起，不意其遽逝也。

申刻接彭雪琴信，知迪庵有三河之敗，言温甫弟與孫筱石、李璞皆、楊得武皆至桐城，迪庵冲出

至六安州，不知果否。又言楊厚庵已至桐城，撫慰軍心，都、鮑派馬隊至桐城助守湖口，彭澤之營亦已北渡赴桐云云。若得迪庵無恙，則不久可復振也。迪軍分希庵留於湖北，又分八、九營守潯湖彭澤，又分九營守桐城，又分二營來余處。分軍太多，勝仗太多，固宜不免一挫。夜，與朱品隆談李營事，睡不成寐。（咸豐八年十月二十四日）

評點

這是曾氏最初得知三河之役的消息。這場大仗，其實早已在十二天前便結束了。三河鎮在安徽廬州府。廬州府距建昌府一五〇〇里左右，緊急公文，四天内可以到達，但曾氏十二天後纔從彭玉麟的書信中得知。可以想見，當時的軍情傳遞，既不規範又不快捷。

曾氏這次復出，在湖北黄州府附近的巴河鎮停留七天。他在這裏召開了重要的軍事會議，參加者有彭玉麟、楊岳斌、李續賓、李續宜、唐訓方、朱品隆、曾氏胞弟國華及一批湘軍高級將領。會議中的一個主要内容是規復皖省，擔負此一重任者便是由李續賓、曾國華所統率的部隊。從巴河分手後，李續賓、曾國華的部隊一連收回太湖、潛山、桐城、舒城，軍事進展非常順利。十月上旬，李、曾率部來到三河鎮。不料，在這裏遭受到陳玉成、李秀成統領的二十萬大軍的包圍，除開二三百人逃出外，其餘六千人全軍覆没。這六千人都是湘鄉人。李續賓自殺。曾國華則下落不明。曾氏派人四處尋找，直到三個多月後，纔由胡林翼派出的人找到曾國華的無頭尸。

此刻的曾氏還儘量往好處想，相信彭信中所説的曾國華等人已逃到桐城、李續賓已逃到六安州，並設想祇要李還在，今後還可以復振。又分析兵敗的原因：一是分軍多力量單薄，二是前一陣勝仗太

多驕傲輕敵。

□回憶咸豐五年六年的苦況

原文

因病晏起，清理文件。早飯後温《項羽紀》畢。接胡中丞及雪琴信，内附京信二件。倦甚，小睡。中飯後，温《高祖本紀》，至二更末畢。是日尚病，禁油葷。傍夕，至樓後歇凉。

念吾在江西數年，五年在南康，景象最苦，六年在省城，亦以遍地皆賊，同事多猜疑，心不舒悒。此外，四年在九江月餘，七年在瑞州月餘，亦無佳興。去年，住建昌五個月，雖軍事無起色，而意興較好。本年在撫州，所居謝氏宅頗寬，後有高樓，俯臨城闉，外瞰盱江，境況較昔年遠勝矣。

（咸豐九年四月初七日）

評點

曾氏的軍事重點始終在安徽，故而當福建的情形略有好轉後，他便移營北上。咸豐九年二月十六日，曾氏老營駐扎江西撫州府城。

曾氏在咸豐四年十一月中旬，由湖北東下長江進入江西，直到咸豐七年二月中旬奔父喪離開瑞州，在江西呆了兩年零三個月。這段時期是曾氏軍事歲月中最爲艱難的日子。曾氏在這段日子裏遭到水師被分割，湖口大敗投水自殺，樟樹鎮大敗，南昌、南康多次被圍等軍事險境，又遭遇塔齊布、羅

澤南先後去世的痛苦，以及與江西官場鬧翻後的尷尬局面。他在江西留下了『聞春風之怒號則寸心欲碎，見賊船之上駛則繞屋彷徨』的奏摺，令多年后王闓運爲之感嘆：『夜覽滌公奏，其在江西時實悲苦，令人泣下。』『《出師表》無此沉痛。』

時隔一年多，曾氏又復出來到江西。因爲整個軍事形勢大改變，曾氏的處境比先前好多了，他的心情也較爲輕鬆，但想起五年六年那兩年的屢戰屢敗、同事猜疑，曾氏心中仍然不能釋懷。

曾氏在離開江西的那一年多守父喪期間，完成他人生的一大轉變。這一轉變，使得曾氏更爲成熟更爲老到。

咸豐二年年底組建湘軍之前的曾氏，可以用這樣幾根粗綫條勾勒：一個功名順遂官運亨通、却無在地方上辦實事經歷的朝廷大員，一個篤信名教、認爲衹要堅决按照孔孟聖賢那一套去做就百事可爲的書生，一個相信立馬就能平定天下的事功渴望者。然而，到了咸豐七年二月回家奔父喪時，曾氏已是一個遍體鱗傷、心情沮喪、功業未成、前途無望又飽受譏評的失意者。守父喪的一年多裏，他爲此作了沉痛的反思。這一年來，江西戰事發生了巨大的轉變。没有他在場的江西戰場，捷報頻傳：九江收復，湖口收復，内湖外江水師會合。待到他復出時，江西差不多全省底定。無情的事實讓他明白：他並非就是南方戰場上唯一的統帥，比他能成事的人處處都有；再者，打仗這樣大的事，運氣非常重要，運氣不到，再努力也成效甚微，運氣來了則可以事半功倍。

復出後的曾氏，將過去所奉行的申韓之術收斂，開始轉向黄老之學。他注意照顧别人的感受，不再將自己視爲當然的救世之主，功業與成就則順其自然。越到後來他的這些認識越加深刻，以至於到了大功建成的那一天，他能淡然對待，乃至於功成身退，『將汗馬勛名問牛相業，都看作粃糠塵垢』

（歐陽兆熊挽聯）。

□清官羅遵殿

原文

早，出城，巡視營墻。飯後清理文件。辰刻至羅中丞宅內題主。宅在隘口，去宿松城四十里，午正到。未初行題主禮。申刻筵宴。是日會吊，同席者胡中丞、左季高、李次青、方子白與余，凡五人。黃子山在羅宅照料喪事。申末起行歸來。行二十里，至石嘴鋪地方小坐，二更還寓。

羅淡村中丞，以乙未進士歷官直隸、湖北、浙江等省，凡二十五年，家無一錢，舊屋數椽，極爲狹陋。聞前後僅寄銀三百兩到家，其夫人終身未着皮襖，真當世第一清官，可敬也。

是日卯刻，發報一摺覆奏，又片一件。（咸豐十年四月十三日）

評點

咸豐九年十一月中旬，曾氏移營安徽宿松。咸豐十年初，太平軍李秀成率部由皖南進入浙江，二月下旬攻下杭州，浙江巡撫羅遵殿自殺。羅遵殿字淡村，正是安徽宿松人，棺木被運回原籍。曾氏前去羅宅祭奠，並爲靈牌點主，當天一同吊唁的還有胡林翼、左宗棠、李元度等人。

羅遵殿道光進士，歷任知縣、知府、道員、按察使、布政使，咸豐九年出任浙江巡撫。這位長期在地方任要職的巡撫大人，居然家無一錢，祇有幾間狹窄舊房子，前前後後祇寄過三百兩銀子給家

裏，其夫人終身未穿過皮襖。

曾氏不禁爲之感嘆：『真當世第一清官，可敬也。』在人們想象中，官員們過的都是花天酒地的生活，尤其在晚清，幾無清官可言。其實，也並非完全如此。曾氏是一個廉潔自愛的清官，看起來這個羅遵殿似乎比曾氏還要廉潔自愛。曾氏老家還有鄉間侯府富厚堂，而羅遵殿的老家祇有『舊屋數椽』。由此可知，什麼事都不可一概而論，即便是晚清官場這一攤子污泥濁水中，也還有點滴清潔之地。

□終於盼到了地方實權

原文

早，出城，巡視營墻。飯後清理文件。旋寫方子白冊頁七開。倦甚，小睡。請陳雪樓筮卦，筮浙江可保否，得『艮』之彖辭；筮余軍是否南渡，得『解』之『師』；筮次青應否赴浙，得『兑』之『復』。旋閱《後漢·西域傳》。

午刻得官帥咨，知余奉旨以兵部尚書銜署兩江總督。本營員弁紛紛道喜。中飯後，與次青等鬯論時事應如何下手，約一時許。旋寫官、胡信二封，沅弟信一封。天氣極熱，實難辦事。傍夕，仍與次青等三人鬯談。

夜閱《五代史》。睡不成寐。（咸豐十年四月二十八日）

評點

曾氏從咸豐二年底組建湘軍以來，到寫這篇日記時，已經過去九個年頭了。這九年裏，曾氏一直沒有過巡撫、總督一類的職務，總是以原禮部侍郎或兵部侍郎銜的身份領兵打仗。在咸豐三年八月下旬打下武漢三鎮後，他曾經做過七天代理湖北巡撫，然後便改以署理兵部侍郎銜帶兵東下。咸豐七年六月，他上疏朝廷瀝陳那幾年帶兵的種種難處，表明若無巡撫之職權不能統兵。這是公開向朝廷要官。即便如此，朝廷寧願不讓他出山，也不答應他的要求。曾氏九年來的處境，用他的話來説就是四個字：客寄虛懸。這是爲什麽？

據薛福成在《庸盦筆記》裏説，咸豐皇帝任命曾氏爲湖北署撫幾天後，一個軍機大臣對他説，曾氏以在籍侍郎的身份在家鄉拉起萬人隊伍，此人本事太大，恐怕非朝廷之福。一句話提醒了皇帝。他立即下令，撤掉曾氏署撫之職。從那以後，再不授曾氏地方實權。由此我們可以知道，朝廷一直在提防着曾氏。不授督撫之職給曾氏，是有意抑制，不讓其坐大。但在壓曾氏的同時，却又先後授江忠源爲皖撫、胡林翼爲鄂撫、劉長佑爲桂撫。朝廷明擺着奉行的是以湘制湘的策略。曾氏飽讀史書，深諳政治，他對這一切都强忍着。他曾以『是非瞭然於心而一毫不露』來表示他的這種態度。

咸豐十年春天，太平軍李秀成率部一舉踏平清軍江南大營，統領和春、張國梁在逃亡途中一自殺一溺水死。太平軍乘勝打下丹陽、常州、無錫、蘇州、江陰、昆山、太倉、嘉定、青浦等，在常州的兩江總督何桂清棄城逃命，在蘇州的江蘇巡撫徐有壬被殺。上海、浙江岌岌可危。蘇南風雲突變，極大地震驚朝廷。在局勢萬分危急又四顧無人的情形下，朝廷決定授予曾氏以兵部尚書銜署理兩江總督，迅速帶兵馳往蘇南。

從這篇日記可知，如此重大的任命，曾氏第一時間收到的並不是朝廷的公文，而是從湖廣總督官文那裏轉來的咨文。直到五月三日，曾氏仍然未接到正式任命書。他不能再等了，當天具摺，對朝廷的任命叩首感謝。兩個月後，朝廷將『署理』二字去掉，補授曾氏爲兩江總督、欽差大臣，督辦江南軍務。

爲了這個地方實權，曾氏足足盼了九年，等了九年，終於讓他盼到等來了。我們看他寫給在家的四弟的信：『兄於初七日接奉諭旨，補授兩江總督實缺，兼授爲欽差大臣督辦兩江軍務。家大人放了，所以未得個信者，以日内尚無便人回湘也。』一句『家大人放了』，多少喜悦，多少欣慰，盡在其中！

□咸豐帝去世與八大臣輔政

原文

黎明起。接京城遞回夾板，面上係用藍印，内係六月十八日所發一摺二片。

其覆奏鮑超救援江西一摺後，墨筆批云：『贊襄政務王大臣奉旨：覽奏，均悉。』其附奏近日軍情一片批云：『贊襄政務王大臣奉旨：知道了。』又黄勝林正法一片批，與近日軍情片批同。

外吏部藍印咨文二件，一件載：『七月十六日奉朱筆，皇長子現已立爲皇太子，着派載垣、端華、景壽、肅順、穆蔭、匡源、杜翰、焦祐瀛盡心輔弼，贊襄一切政務。』欽此。一件載：『准贊襄政務王大臣咨，嗣後各督撫、將帥、將軍、都統、提、鎮等奏事，備隨摺印文一件，載明共摺幾封、片幾件、單幾件，交捷報處備查等因。』

痛悉我咸豐聖主已於七月十六日龍馭上賓，天崩地坼，攀號莫及！多難之秋，四海無主，此中外臣民無福，膺此大變也。余以哀詔未到，不克遽爲位，成服哭臨，須回東流，乃克設次行禮。已刻改克復池州一摺，提江西漕摺五萬一片，未刻發報，仍用紅印。

清理文件甚多。與沅弟鬯談。申刻，寫掛屏、對聯數件。夜寫零字，寫扇一柄。二更三點睡，不甚成寐。伏念新主年僅六歲，敵國外患，紛至迭乘，實不知所以善其後。又思我大行皇帝即位至今，十有二年，無日不在憂危之中。今安慶克復，長髮始衰，大局似有轉機，而大行皇帝竟不及聞此捷報，鬱悒終古，爲臣子者尤深感痛！（咸豐十一年八月初十日）

評點

咸豐皇帝奕詝真個是福大命薄。生於帝王家，已是福莫大焉，何況以資質平庸之第四子身份繼承大統，更是洪福齊天，但他的命却不好。即位不久，洪秀全便在廣西金田村起義，宣布建立太平天国。於是在南方又出現一個國家政權，一個立志要奪取他的江山的天王。反叛一方的勢力越來越大，終於冲出廣西，一路北上東下，勢如破竹，居然在六朝古都之地建立雄踞東南的天國。江南半壁河山硝烟瀰漫，似乎已不再是大清王朝的天下。內亂已是够心煩了，而洋人挑起的外患更是越演越烈。英法聯軍的戰火竟然燒到北京。咸豐十年八月初八日，就在英法軍隊兵臨北京城下時，奕詝帶着后妃子女倉皇從圓明園北逃。一個帝王，在敵兵入侵之時棄家外逃，其恥其辱僅次於亡國。

奕詝帶着這種奇耻大辱寓居熱河行宫，面對着日重一日的內亂外患，他心裏憂慮，却束手無策，乾脆整日沉湎於醇酒婦人之中。本就孱弱的身體，禁不起這等戕伐，終於一病不起。咸豐十一年七月十六日，奕詝駕崩於熱河避暑山莊行殿寢宫，虛歲三十一，留下兩道遺詔。其一爲六歲兒子載淳即位，其二爲派怡親王載垣、鄭親王端華、駙馬景壽、協辦大學士戶部尚書肅順、兵部尚書穆蔭、吏部左侍郎匡源、署禮部右侍郎杜翰、太僕寺卿焦佑瀛八人爲贊襄政務大臣，輔弼載淳。咸豐十一年八月初十日，曾氏在剛剛收回的安慶城裏接到包括傳遞這一重要信息在內的一大批文件。

這篇日記中有『藍印』、『墨筆』云云，值得注意。藍印是相對紅印而言。國家遭遇大喪，官場各級印泥不再是紅色而改用藍色。墨筆是相對於朱筆而言。衹有皇帝纔可以用朱筆，現在皇帝不在了，臨時委任的最高政權的執行者亦不能用朱筆，衹能用尋常人所使用的墨筆。曾氏此刻尚未接到國喪的正式通知，他未穿喪服辦公，故而本日拜發的一摺一片仍用紅印。

□爲政事突變爲權位崇隆而恐懼

原文

早飯後清理文件，與黎壽民圍棋一局。旋習字一紙，至方子白、張廉卿處久坐。

接奉廷寄四件，皆十月十六、十八、廿日在京所發者。中有諭旨一道，飭余兼辦浙江軍務，江蘇、安徽、江西、浙江四省巡撫，皆歸節制。權太重，位太高，虛望太隆，悚惶之至。又抄示奏片一件，不知何人所奏。中有云，載垣等明正典刑，人心欣悅云云。駭悉贊襄政務怡親王等俱已正法，不知是何日事，又不知犯何罪戾，罹此大戮也！

寫家信，澄、沅一件，甚長，季弟一件。中飯後，畢東屏來辭行，久坐。少荃來，道京城政本之地，不知近有他變否，爲之悚仄憂皇。寫對聯數付。傍夕，至少荃、小泉處一談。夜，清理文件，核改摺稿一件。

三更睡，稍稍成寐，四更二點醒。思陸放翁謂得壽如得富貴，初不知其所以然便躋高年。余近浪得虛名，亦不知其所以然便獲美譽。古之得虛名，而值時艱者，往往不克保其終，思此不勝大懼。將具奏摺，辭謝大權，不敢節制四省，恐蹈覆餗負乘之咎也。（咸豐十一年十一月十四日）

評點

在熱河行宮，在北京城，大清王朝的最高層正在經歷着一場隱蔽然而却是極爲激烈、殘酷的宮廷鬥爭。這場鬥爭於晚清政局關係極大，而外界一無所知，遠在數千里之外的曾氏自然不曾與聞絲毫。

咸豐皇帝去世時，繼位的小皇帝纔六歲，當然不能親理政事，於是安排一個八人贊襄大臣班子，共同輔政。咸豐帝此舉，並没有差錯，他是在遵循祖制。當年，皇太極去世，繼位的順治皇帝也祇六歲，朝廷組織一個由代善、濟爾哈朗、多爾袞、豪格等人組成的輔政團體，使政權得以順利交替。十八年後順治皇帝去世，繼位的康熙皇帝僅八歲，亦由索尼、蘇克薩哈、遏必隆、鰲拜四人輔政。代善、索尼這些人，被稱作顧命大臣。王闓運詩曰『祖制重顧命』，説的便是這段歷史。但是，咸豐皇帝没有想到，他兒子的親生母親那拉氏，不是當年福臨的生母博爾濟吉特氏與玄燁的生母佟佳氏。那拉氏是一個權力欲極重的女人。她利用咸豐帝臨終時授予她的鈐私印於上諭之權，聯合慈安太后與在

北京的恭親王奕訢、醇親王奕譞等人，借咸豐帝靈柩回北京的機會，拘捕載垣等八大臣，同時任命恭親王爲議政王，又任命奕訢、桂良、沈兆霖、寶鋆、文祥、曹毓英組成新的軍機處，命惇郡王奕誴爲閱兵大臣並管武備院事、醇郡王奕譞爲御前大臣。幾天後，又將八大臣所議定的新年號『祺祥』改爲『同治』，並命載垣、端華自盡，肅順斬立決，景壽、匡源、杜翰、焦佑瀛革職，穆蔭革職充軍。一場大政變就這樣在局外人看來輕輕鬆鬆地完成了。

政變成功的關鍵，在於兩宮太后與北京城内以恭王、醇王爲首的近支親王的密切配合，在於得到以僧格林沁、勝保爲首的京城軍方的支持，也在於載垣、肅順等人的過於自信與輕敵。這一切，曾氏與他的湘系集團的親信們全然不知。他們『悚仄憂皇』，深夜密談。

贊襄八大臣名義上以載垣爲首，實際上的首領是肅順。肅順爲人明白能幹，敢作敢爲，深得咸豐帝信任。肅順還有一點比其他滿人高明之處，是他看重漢人。野史上説，當年在咸豐帝面前竭力保薦曾氏爲團練大臣，以及薦舉曾氏爲兩江總督者，皆爲肅順。肅順掌權後，立即加曾氏太子少保銜，這是明顯地向曾氏示好。

曾氏也對肅順等輔政予以看好。他在咸豐十一年十一月初四日給澄、沅兩弟信中説：『觀七月十七以後八君子輔政，槍法尚不甚錯，爲從古之所難，卜中興之有日。』没想到事情很快便突起陡變。然而，新掌權者對曾氏則更加重用。十月十八日，命曾氏統轄江蘇、安徽、江西三省並浙江全省軍務，所有四省巡撫提鎮以下各官悉歸節制。這種出格的權力授予，在朝廷方面來説是很少見的，然的確對東南戰事的進展極爲有利。這既説明慈禧、恭王等人對曾氏的信任，也證明他們的頭腦清晰。爲什麽慈禧會對曾氏這等信任呢？

歐陽昱《見聞瑣録》一書中説：『咸豐末肅順當國，内外官争相趨炎附勢，倚爲泰山，甚或進重金營善地，幾不可以數計；即無此弊，而書信往來無人無之。及得罪，籍其家，搜出私書一箱，内惟曾文正無一字。太后太息，褒爲第一正人。於是天下督撫皆命其考核，憑一言以爲黜陟。』原來，慈禧抄肅順家後得知曾氏乃唯一與其無私交的大員，夸獎他是天下第一號正派人。真的是否如此，已無從考查。但不管怎樣，慈禧對曾氏的出格倚重，是明智而正確的。這説明政變的勝利者們清醒地看到平息内亂穩定政局，衹有依靠曾氏及其湘系軍事集團；而曾氏要早日成就此事，也必須得有指揮與調度整個東南戰局的權力。

但曾氏對此却『悚惶之至』！曾氏此種情感出自内心，不是做作，决非虚僞。這是因爲他在年輕時便已領悟『日中則仄，月盈則虧』的自然法則，深恐重權高位也可能意味着不測灾禍。眼下的事情便是一個典型的例子：倘若載垣、端華、肅順他們不是重權高位，哪來的天外横禍！

□皇帝所賜物有可能遭太監掉包

原文

早飯後見客二次，清理文件。兵部火票遞到恭理喪儀五大臣咨文，大行皇帝頒賞遺念衣物：木箱一個，内冠一頂，繫紅絲結頂，青狐胲袍一件，表一件，玉搬指一件，中鏤空，止刻『嘉慶御用』四字。木箱外用牛皮包一層，氈包一層，内用氈一層。猶記道光三十年二月初十日在出入賢良門外頒賞宣宗成皇帝遺念衣物，諸王、大臣皆得賞件，余得春綢大衫一件、玉珮一件。當時群臣在橋南叩頭謝恩。或言遺念衣物，大内賜出者，太監多以贋物易之，真御用之物，不可多得。此次所賜衣冠殆真爲文宗顯皇帝御用之件，不似太監所易贋物。鼎湖龍去，遺劍依然，曷勝感愴！設案恭陳，望闕叩謝。旋與程尚齋、柯小泉等議參奏江浙一案是否平允，斟酌久之。又作片稿，調常州六人。又細核昨夜片稿，令洪琴西繕寫，以其宜密也。與少荃久談。中飯後習字一紙，清理文件頗多。傍夕發報摺二件、片三件。夜清理文件，至二更一點畢，皆三日内所積閣者也。旋溫《古文·論著類》。閲勝克齋奏請皇太后垂簾聽政，請於近支宗室王中派人輔政，皆識時之至言。（咸豐十一年十一月二十五日）

評點

曾氏領到朝廷寄來的内裝咸豐帝頒賞遺物的木箱。木箱中有：紅絲結頂帽子一個、青狐皮袍一件、表一個、刻有『嘉慶御用』鏤空玉搬指一個。這些都是咸豐帝生前用過的物品，死後分賞給王公大臣。從這四件贈品來看，賞賜的規格不低。這一則是曾氏乃太子少保銜兩江總督，官階較高；更重要的是，曾氏是節制江南四省的軍事統帥，新上臺的慈禧政權要極力籠絡他。

曾氏想起十一年前獲贈道光帝遺物的情景。那時曾氏乃一普通的禮部右侍郎，得到的衹是一件春綢褂子、一個玉珮，與此次所獲相比，差得太遠。令人頗感意外的是，皇帝所賞賜下來的物品，太監居然可以將真品取走，而以贋品替代。大内風氣敗壞到如此地步，真令人詫异！晚清官場，胥吏普遍欺哄長官，對下則作威作福。由此看來，此風來自朝廷。皇帝都要受太監蒙騙，而受騙的王公大臣居然一概選擇沉默，下面的官員還有什麽可説的！

日記的最後有『閱勝克齋奏請皇太后垂簾聽政，請於近支宗室王中派人輔政，皆識時之至言』幾句話，對照二十天前，曾氏對肅順等八個輔政大臣執政的肯定，可以看出曾氏謹守疆臣本分、決不干涉朝政、一切聽從朝廷安排的原則。他並不因爲自己握有軍權而稍有越份之念。

□朝廷頒賜的令旗王旗皆粗劣不堪

原文

早飯後見客三次，衙門五十堂期也，旋又見他客四次，義觀察泰暨洪琴西談稍久。午正發報三摺、四片。中飯後閱看公牘，渴睡昏昏。至眉生處，與莫子偲久談。旋與季弟一談。文件甚多，懶於清理。身若有病，不甚耐煩。傍夕與少荃一談。夜不願治事，與季弟閑談，寫零字太多，倒床小睡。二更三點睡，三更成寐。本日文件概未清理。前二日因辦摺奏，亦尚有未畢者，合之三日，積壓不少矣。

是日申刻接部文，頒到令箭十二支、令旗十二面、箭壺一個、架子一個、王命旗十道，纓杆俱全，牌十面，旗牌均有令字。清漢文旗，以藍繒爲之，方二尺許，繒粗與夏布無異。旗杆用小竹、油朱爲之，下有鐵脚，上有油紙帽綴纓，均極草減，蓋近來官物類偷窳矣。令箭長五尺許。令旗黄緞爲之，上用泥金寫『江南欽差大臣、兵部尚書銜、兩江總督』字樣，上有黄綢方套一個、畫龍黄油布套一個，略精整，不似王命旗之偷減。（同治元年正月初十日）

評點

這則日記，讓讀者對象徵着皇權軍威的令箭、令旗、王命旗有一個形象的認識。然而，這個認識同時也給讀者帶來極壞的印象：做旗子的絲織品與老百姓所用的夏布一個樣，旗杆用的是小竹子，纓絡居然是紙的。如果不是有曾氏的日記在此，我們哪敢相信，堂堂的大清王朝兵部發下來的象徵最高權威的信物，竟然如此草率，猶如戲臺上的道具，也好比小孩手中的玩具！

曾氏説『近來官物類偷窳』，意謂不衹是這些東西，近年來凡官方製作的物品大多偷工減料、製造粗劣。對於新上臺的慈禧太后而言，這是一個多麽可怕的局面！大清朝的垮臺，似乎從這句話中，便可以看出它的宿命，它的不可逆轉。曾氏等人耗盡心血的努力，真的衹不過是徒勞而已。

□與幕僚商量辭謝事

原文

早飯後見客三次，衙門期也。旋清理文件，改徽州戰事摺稿，又青陽戰事片稿。午正，洪琴西來鬯談，觀余午飯。飯後，改信稿三件。申刻少荃來，鬯談一時許。余亦至眉生處，詳論應否疏辭協辦之命，衆議以爲宜受協辦，而堅辭節制四省之權，不可同時並辭，近於矯情釣譽，燈時定計。

夜作謝恩一件，又作密片一件，三更畢。睡不成寐，似因用心太過之故。（同治元年正月二十日）

評點

咸豐十一年十一月十四日，曾氏奉到節制四省的上諭。同治元年正月十七日，他又接到協辦大學士的任命。慈禧對曾氏的確是恩寵有加。一向信奉『花未全開月未圓』的曾氏有意辭謝。他與金安清（字眉生）等幕僚商量。幕僚們的意見是宜接受協辦大學士的任命，而堅决請辭節制四省的權力。協辦與節制四省這兩項任命不能同時都推辭，不然有矯情作態、沽名釣譽之嫌。

曾氏接受衆幕僚的建議。但節制四省一事，他已在上年十一月二十五日辭謝一次，本年元月十日又辭謝一次，不好再辭謝了。這天晚上，他親擬《密陳金陵未克以前請勿再加恩片》。密片的文字很誠懇：『臣既蒙加太子少保銜，又蒙飭諭節制四省，茲又拜協辦之命。臣弟國荃既蒙賞穿黄馬褂，又蒙賞頭品頂戴，茲又拜浙江按察使之命。一門之内，數日之間，异數殊恩，有加無已。感激之餘，繼以悚懼。誠恐軍事一旦疏失，即加倍譴責，猶有餘咎。臣本擬恭疏辭謝，以除授參政大典，料難收回成命。又以甫經兩次辭節制四省之權，不敢更疏瀆辭，近於矯情而釣譽。惴慄旁皇，不知所措。理合據實陳明，懇求皇上念軍事之靡定，鑒愚臣之苦衷，金陵未克之前，不再加恩於臣家，是即所以保全微臣之功名，而永戴聖主之恩眷矣。』

爲什麽幕僚們勸曾氏接受協辦而堅辭節制四省，曾氏本人也贊同這個意見呢？筆者以爲，協辦大學士對於曾氏來説，衹是一個空銜。它衹表明地位的提高，並没有權力的加重。處曾氏的位置，當然需要加重權力，這有利於他辦事；但曾氏眼下的權力已經不小了。這種朝廷輕易不下放的格外權力，更多地意味着責任。倘若事情辦得不理想，全部責任便都落在曾氏的頭上，而辦好了則是應該的。同時，這種出格的待遇，也將招來朝野内外更大的猜疑與嫉妒。這種氛圍，以及由此而帶來的後果，對曾氏來説都有壓力。

世人都以爲權力越大越好，實際上並非這樣簡單。曾老爺子的『無官守，無言責，世事不聞不問』的狀態，纔真正讓人活得瀟灑輕鬆。

□以學造炮製船爲下手工夫

原文

早飯後，出城看升字右、後兩營操演。旋拜客二次，巳正二刻歸。見客二次，與筱泉圍棋一局，與幕府諸君鬯談。

眉生言及夷務，余以欲制夷人，不宜在關稅之多寡、禮節之恭倨上着眼。即内地民人處處媚夷、艶夷而鄙華，借夷而壓華，雖極可恨可惡，而遠識者尚不宜在此等着眼。吾輩着眼之地，前乎此者，洋人十年八月入京，不傷毁我宗廟社稷，目下在上海、寧波等處助我攻剿發匪，二者皆有德於我。我中國不宜忘其大者而怨其小者。欲求自强之道，總以修政事、求賢才爲急務，以學作炸炮、學造輪舟等具爲下手工夫。但使彼之所長，我皆有之，順則報德有其具，逆則報怨亦有其具。若在我者，挾持無具，則曲固罪也，直亦罪也，怨之罪也，德之亦罪也。内地之民，人人媚夷，吾固無能制之；人人仇夷，吾亦不能用之也。

中飯後，寫沅、季信一件。閲《水經》，與汪圖校對潛水、涪水、梓潼水、阻水、南漳水、青衣水、延江水、油水、蕲水。清理文件，倦甚，小睡。見客一次。接雪琴信，知九洑洲於初三日克復。向師棣作策對甚佳，與之久談。夜清理文件。温《古文·序跋類》。（同治元年五月初七日）

評點

這一則日記過去常常被人引用，作爲曾氏媚外的證據。其實，曾氏是清王朝的大員，他站在朝廷的立場説洋人『不毀我宗廟社稷』、『助我攻剿發匪』，也是可以理解的。難道還要求一個協辦大學士、兩江總督希望洋人幫助太平軍推翻清王朝，搗毀滿人皇室的宗廟社稷嗎？倒是這則日記中的有些話值得我們重視：『内地民人處處媚夷、艷夷而鄙華，借夷而壓華』，『内地之民，人人媚夷』。這裏透露出一個重要的信息，即老百姓並不仇恨洋人。

這不是用『愛國』還是『賣國』這樣的大道理就能説清楚的話題。它反映的是人性中的某些方面：祇要不是在直接傷害他的自身，那麽人總是習慣於討好强者，服從强勢力量。所以曾氏認爲中國的根本問題在於自强，自身强大起來後什麽事情都好辦了。而眼下要想很快强大，就必須學習洋人造炮製船的本事。這個認識，早在一年半以前，他便寫在給朝廷的奏摺中：『目前資夷力以助剿濟運，得紓一時之憂；將來師夷智以造炮製船，尤可期永遠之利。』曾氏并且把這一理念付之實踐。五個月前，他便在安慶創辦一所名曰安慶内軍械所的兵工廠，以西方的製作方式造槍炮子彈，由此揭開洋務運動的序幕。時至今日，我們不能不承認，曾氏的這些認識和作爲，體現了一個高級官員對國家對民族的負責任的態度。

□中國能爲洋人之智巧

原文

早飯後清理文件。史士良來久坐，旋圍棋一局。寫岳父信一件。莫子偲、吴彤雲來，幫看經解各卷，未刻畢。寫澄侯信一件。陳虎臣來久座。

中飯後，華蘅芳、徐壽所作火輪船之機來此試演。其法以火蒸水，氣貫入筒，筒中三竅，閉前二竅，則氣入前竅，其機自退，而輪行上弦；閉後二竅，則氣入後竅，其機自進，而輪行下弦。火愈大，則氣愈盛，機之進退如飛，輪行亦如飛。約試演一時。竊喜洋人之智巧，我中國人亦能爲之，彼不能傲我以其所不知矣。

申正寫希庵信一件。聞希庵近日病頗重，至扶杖出入，深以爲慮。倦甚，小睡。清理文件。夜又清文件，温《文獻通考》各序。是日接奉廷寄一件。（同治元年七月初四日）

評點

華蘅芳、徐壽都是當時中國第一流的科學家、工程師，他們被曾氏禮聘爲安慶内軍械所的高級工匠，後來又都轉到江南製造局翻譯處。他們是近代洋務運動尤其是西學東漸的首批有功之臣。

現在他們爲曾氏演習蒸汽輪船發動機的驅動原理。曾氏看得很仔細，尤其是他當時那種喜悦難掩的心情，我們可以通過『竊喜洋人之智巧，我中國人亦能爲之』這一句話强烈地感受到。同治二年十二月，安慶内軍械所造出中國第一艘蒸汽輪船。曾氏將它命名爲『黄鵠號』，并親自坐在『黄鵠號』裏，在長江上行駛八九里。雖船小行慢，但它畢竟是中國人造的第一艘現代化輪船，有着不平凡的意義。

□皖南江南公開賣人肉

原文

早飯後清理文件，寫申夫信一、周子佩信一，與屠晋卿圍棋二局。旋見客二次，鄧伯昭、羅少村談頗久，閲《小旻》之詩。午刻拜發謝恩摺，一謝沅弟浙撫之恩，具疏恭辭，一謝季予謚建祠之恩，又附萬方伯辭藩司一片，專曾德麟進京。

中飯後至幕府畧談。與程穎芝圍棋三局。申刻閲本日文件甚多，寫沅弟信一。傍夕小睡片刻。夜與小岑畧談，閲何廉昉所集蘇詩對聯，因閲蘇詩黄州一卷。

是日淫雨竟日，徹夜不息，憂灼之至。皖南到處食人，人肉始買三十文一斤，近聞增至百二十文一斤，句容、二溧八十文一斤。荒亂如此，今年若再兇歉，蒼生將無噍類矣！亂世而當大任，豈非人生之至不幸哉！（同治二年四月二十二日）

評點

讀這篇日記讓人心驚肉跳、悲哀莫名。皖南與二溧（溧陽、溧水）本是富庶之地，現在居然『到

處食人』，而且人肉還在不停的漲價。這真是曠世奇哀！爲什麽會有如此慘劇？當然是連續多年的戰争所造成的惡果，皖南及蘇南一帶更是遭受戰争之苦最厲害的區域。一個好端端的魚米之鄉，就這樣淪陷爲人間地獄。過去人們喜歡區分革命戰争與反革命戰争的區别。筆者想，仗打得這等地步，還有什麽革命與反革命的區分之必要！停止戰争，讓人類過上正常的日子，這纔是最符合人道的選擇。誰有本事能讓戰争止息，誰就是人類的英雄。這樣的人，纔真正值得歷史的尊重。

□李鴻章殺降

原文

早飯後，見客一次，衙門期也。旋圍棋一局，閲《通考·錢幣一》，江方伯來久坐，又閲《錢幣考》未畢，寫沅弟信一件。中飯後寫厚庵信一葉，見客一次。

閲本日文件，見李少荃殺蘇州降王八人一信稿、一片稿，殊爲眼明手辣。小岑來談頗久。傍夕至幕府一談。夜核批札各稿，二更後與紀澤講七言律詩之法。旋讀七律二十餘首。（同治二年十一月二十三日）

評點

同治二年十月下旬，李鴻章以高官厚禄買通蘇州城内太平軍的高級將領納王郜永寬、康王汪安鈞、比王伍貴文、寧王周永嘉以及天將張大洲、汪花班、汪有爲、范起發，這八個人聯合起來刺殺主

帥慕王譚紹光，獻城投降。郜永寬等八人來到李鴻章軍營。李隆重接待，給他們每人發一套二品副將的翎頂袍服，然後又設盛宴款待。酒酣耳熱之時，李鴻章假託巡查離開酒席。李一離開，營門緊閉，一聲炮響，伏兵四出，將郜永寬等八個降將全部殺死。這就是李鴻章殺降事。

李此舉遭到當時負擔保責任的常勝軍首領戈登的強烈抗議。戈登揚言要向全世界控告，繼而又以辭職爲威脅。李鴻章對此完全不理睬。戈登鬧了一陣子，沒有得到幾個人的響應，加之李又給他獎賞一大筆銀子，他拿了銀子後也就不再鬧了。在曾氏這裏，李鴻章得到全面的肯定。『殊爲眼明手辣』一句話，可以看出曾氏對殺降的贊賞態度。

李鴻章殺降，無疑是不人道的，是違背人類起碼的道德良知的。其實中國自古以來在道義上也是要求不殺投降者的，所謂『繳槍不殺』，乃是交戰雙方都知道應該遵行的常識。但是，令我們遺憾的是，殺降之事在中國史不絕書，而且殺降者很少受到道義的譴責，最慘烈的例子莫過於戰國時秦國白起活埋四十萬趙國降兵之事。在對待降敵這件事上，曾氏本人也是持李鴻章的態度，也主張並要求湘軍將領們將已投降的太平軍全部殺掉。如何看待殺降，曾李與戈登所持的態度有很大的不同。與其從他們個人的人品上去尋找原因，不如從中西文化的差异上去認識，或許會更客觀些。

□萌長終山林之志

原文

早飯後清理文件，見客，坐見者一次，立見者二次。圍棋一局。旋寫少荃信一封、劉松岩信一

封、沅甫信一封。已正小睡。

午刻，黃南坡來恖談，與之圍棋一局。請周子瑜、唐義渠、龐省三等便飯。飯後閱本日文件。徽州、上溪口、屯溪等處一片賊氛，憂灼之至。狂風甚雨，竟日不止。核批札各稿。閱《退庵隨筆》，稍以解悶。酉刻，與紀澤兒一談出處進退之道。傍夕小睡片刻。夜改摺稿片稿四件，二更後倦甚，再睡片刻，三點睡。

日內鬱鬱不自得，愁腸九迴者，一則以餉項太絀，恐金陵兵嘩，功敗垂成，徽州賊多，恐三城全失，貽患江西；一則以用事太久，恐中外疑我擅權專利。江西爭厘之事，不勝則餉缺而兵潰，固屬可慮，勝則專利之名尤著，亦爲可懼。反復籌思，惟告病引退，少息二三年，庶幾害取其輕之義。若能從此事機日順，四海銷兵不用，吾引退而長終山林，不復出而與聞政事，則公私之幸也。（同治三年三月二十二日）

評點

正當南京前綫的戰事處於白熱化的關鍵時刻，曾氏遇到一件極不愉快的事情，那就是江西巡撫沈葆楨公然不聽曾氏的命令，將江西牙厘截歸本省，拒不外調。曾氏爲之强爭。後來朝廷出面調停：江西牙厘留一半歸己，另一半歸曾氏。曾氏所缺部分，由輪船經費中予以彌補。關於這件事，筆者在《評點曾國藩家書》中的《與沈葆楨爭奪江西厘金》一文裏有較詳細的敘說。從表面上看來，曾氏沒有吃虧，他該要的銀子還是得到了，但實際上，這件事很傷曾氏的心。傷心之處是沈葆楨的絶情。這一點，筆者在《與沈葆楨爭奪江西厘金》中已說得不少，這裏不再說了。

傷心之處還在於朝廷的態度。相比沈的絶情，這一點更爲重要。在曾氏看來，沈葆楨截留牙厘一事，朝廷原本就不應該批准。這既是朝廷對形勢的不明瞭，也是朝廷公開無視曾氏作爲兩江總督的職權之所在。所以這件事情的根子在朝廷身上。朝廷之所以如此，曾氏認爲是『疑我擅權專利』。一個常年在外的重臣，被朝廷認爲擅權專利，那後果將是很可怕的。曾氏爲此憂心忡忡。曾氏的這種心情，被他的心腹幕僚趙烈文記載在《能静居日記》中。同治三年四月初八日，趙在日記中寫道：『見中堂（筆者注：指曾氏）寄到致李中丞（筆者注：指李鴻章）信稿，前段因提餉事，後云……長江三千里無一艘不拽鄙人之旗號，以致中外疑我權重，而不知餉絀兵單，一至於此。擬欲具疏詳陳辦理竭蹶情形，請欽派大臣督剿，將欽篆、督篆交出，而亦不敢置身事外，別統萬人，如咸豐六、七、八、九年規模云云。』

由此可知，曾氏當時有辭職的想法。趙接下來寫道：『中堂近歲之眷已衰，外侮交至，無他，不得内主奥援耳。』趙認爲，曾氏之所以辦事不順，是因爲朝中無人的緣故。他不贊成曾氏辭職的想法，『若具疏辭位，迹近要挾』。查曾氏奏疏，在同治三年中未見有曾氏請辭江督、欽差大臣的摺子，可能是趙將自己的意見告訴曾氏，曾氏采納他的意見，也有可能是曾氏本人又改變了主意。但在這一年的三月二十五日，他向朝廷遞交一份名曰《因患病請假調理摺》。這時候請假，顯然有着很復雜的心緒。曾氏年譜中説：『公以是時金陵未克，江西流寇復盛，統軍甚多，需餉甚巨，既恐餉匱以致軍事决裂，又以握兵符掌利權爲時所忌，遂有功遂身退之志矣。』這一段話，應是曾氏當時心情的實録。

□半夜得攻下南京之信

原文

早飯後清理文件，圍棋一局。閲梁臣敬翔等傳畢，又閲梁臣康懷英等傳，又閲梁臣楊師厚等傳，未畢。巳正小睡。午刻寫沅弟信一件，核批札各稿，寫對聯二付、掛屏三幅。中飯後，天熱殊甚，不願治事。閲本日文件甚多。酉刻將楊師厚等傳閲畢，又閲唐臣郭崇韜、安重誨傳。傍夕至幕府閒談。夜在後院乘凉良久。旋寫朱久翁、何小宋各信一片，核批札各稿，温古文『白公之難』、『赤壁之戰』。二更四點睡。

三更三點接沅弟咨文，知金陵於十六日午刻克復。思前想後，喜懼悲歡，萬端交集，竟夕不復成寐。（同治三年六月十八日）

評點

同治三年六月十六日晚上，通過挖地道埋炸藥炸開南京太平門城墻後，湘軍吉字營乘勢冲進南京城内。在南京内城即天王府尚未拿下的時候，吉字營統領曾國荃便以日行八百里的超級速度向朝廷報捷，同時也向住在安慶城的大哥報喜。十八日夜三更三點，也就是將近十二點鐘時，曾氏接到老九的喜報。從南京到安慶用了兩天，看來用的不是八百里，而是四百里的一般快遞。

這一夜，曾氏思前想後，喜懼悲歡，一齊涌來，徹夜未眠。從咸豐二年底在長沙組建湘軍到現在，歷經十三個年頭。曾氏和他的團隊走過千山萬水，吃盡千辛萬苦，終於盼來勝利的一天。他的確是有很多值得回憶的往昔。這一夜，曾氏究竟想了些什麼，日記裏没有説，我們也便不知道。好在有歷史文學這一門類，我們可以藉助它來作些彌補。筆者在長篇歷史小説《曾國藩》中，爲讀者虚構一段曾氏的『思前想後』，且將這段文字抄録於此：

『略微舒服點後，曾國藩再也不願躺在竹床上了。他起來披件衣服，坐在椅子上，望着跳躍的燈火，心馳神往，浮想聯翩。他想起在湘鄉縣城與羅澤南暢談辦練勇的那個夜晚，想起郭嵩燾、陳敷的預言，想起在母親靈柩房焚摺辭父、墨絰出山時的誓詞，想起在長沙城受到鮑起豹、陶恩培等人的欺侮，想起船山公後裔贈送寶劍時的祝願，想起江西幾年的困苦，想起投水自殺的恥辱，想起重回荷葉塘守墓的沮喪，想起復出後的三河之敗，想起滿弟的病逝，想起自九弟圍金陵以來爲之提心吊膽的日日夜夜，一時百感交集。曾國藩愈想愈不好受，最後禁不住潸然泪下。他感到奇怪，這樣一樁千盼萬盼的大喜事，真的來到了，爲什麼給自己帶來的喜悦祇有兩三分，傷感却占了七八分呢？』

□審訊李秀成

原文

黎明開船，行六十里，辰正至棉花堤。在舟中寫沅弟信一片、澄弟信一封、郭意城信一封。閲《盧光稠傳》。

巳初登岸，行二十里至沅弟營内。見弟體雖較瘦而精神完好如常，爲之大慰。見客甚多。兄弟鬯敘甚久。陸續見客，中飯後又陸續八九次。至戌初，將所擒之僞忠王親自鞫訊數語，旋吃晚飯。沅弟處晚飯，未上燈而即吃也。兄弟談至初更。倦甚，早睡。（同治三年六月二十五日）

評點

六月二十四日清早，曾氏離開安慶前往南京，坐的是小火輪。二十五日上午十點鐘便到南京。兄弟相見，暢談很久，想必説的都是歡喜話，十八日半夜的那些『懼』與『悲』，此刻不會涉及。傍晚，他親自審訊忠王李秀成。

十六日夜，李秀成保護幼天王洪天貴福從太平門逃出。出城後，他將自己的戰馬換下洪天貴福所騎的劣馬，因此而落伍。第二天早上，被當地獵户認出，被捕後送到蕭孚泗軍營。據趙烈文的《能静居日記》記載，曾老九見到李秀成後大怒，審訊李時桌上擺着刀錐，打算親自宰割李，被趙制止，但老九還是命身邊的士兵割李手臂上的肉，滿臂鮮血。李秀成居然絲毫不動。老九將李關在一個大木籠裏，等待曾氏的到來。

曾氏到南京的當天便親訊李，可見他對李的重視。曾氏没有對李表示兇與恨，而是叫李寫回憶録。曾氏在七月初六日的日記中説：『申刻閲本日文件，餘皆閲李秀成之供，約四萬餘字，一一核對。本日僅校二萬餘字，前八葉已於昨日校過，後十葉尚未校也。酉刻將李秀成正法。』

由日記可知：一、同治三年七月初六日，曾氏殺李秀成於南京。二、李秀成的供詞約四萬餘字。第二天，曾氏在日記中説：『將李秀成之供分作八九人繕寫，共寫一百三十葉，每葉二百一十六字，裝成一本，點句畫段，並用紅紙簽分段落，封送軍機處備查。』按這篇日記中所説，曾氏向軍機處上報的李之供詞祇二萬八千餘字。曾氏並未將李的全供上報。又，趙烈文的《能靜居日記》中說李之供詞有『五六萬言』。趙應是親見李秀成供詞的人，他說的字數與曾氏所說的相去甚遠。一九六二年，曾氏曾孫曾約農將保存於家中的李秀成供詞原件交臺灣世界書局影印，名曰《李秀成親供手迹》。這是傳世的各種版本中字數最多的一種，共三萬六千餘字。這三萬六千餘字，是否就是李之供詞的全部，或者祇是節本，而其中一部分當時即被曾氏銷燬。這已經是無法考證的事了。

趙烈文在同治三年七月初六日的日記中說，李秀成『雖不通文墨，而事理井井，在賊中不可謂非桀黠矣，中堂甚憐惜之』，『中堂令免凌遲，其首傳示各省，而棺殮其軀，亦幸矣』。由此可知，曾氏出於對李之尊重與憐惜，對於李秀成的死事還是較爲善待的。

□驗洪秀全之尸

原文

早飯後清理文件。旋見客數次，觀九弟與杏南圍棋數局，余與魯秋杭圍棋一局，與沅弟説家常事甚多。中飯，與諸客黃冠北、勒少仲等一坐，而自另吃蔬菜飯，因天熱，略禁油葷，稍覺清澈也。能登武挖出洪秀全之尸，扛來一驗，鬍鬚微白可數，頭禿無髮，左臂股左膀尚有肉，遍身用黃緞綉龍包裹。驗畢，大風雨約半時許。

旋有一僞宮女，呼之質訊。據稱道州人，十七歲擄入賊中，今三十矣，充當僞女侍之婢，黃姓。洪秀全於四月廿日死，實時憲書之廿七日也。黃氏女親埋洪秀全於殿內，故知之最詳。

旋作挽聯。傍夕寫祭幛挽聯，核批札各稿。夜核科房批稿極多。（同治三年六月二十八日）

評點

這則日記爲後世留下了晚年洪秀全的容貌：『鬍鬚微白可數，頭禿無髮。』洪秀全死時纔五十歲，便鬍鬚已白，頭髮全禿，可見很顯老態。咸豐四年，洪秀全就住進南京城新建的天王府，從此除開在咸豐六年被逼去東王府封楊秀清爲萬歲外，十年間，從未走出過天王府一步。這種成天祇與女人打交道的深宮生涯，是損傷其身體的禍首。再者，儘管洪做了天王，但戰爭一天也沒有停止過，他的地盤也不鞏固。最後兩年，天京被曾老九所包圍，他每天從早到晚生活在提心吊膽之中。這種生存狀態也極不利於健康。由此看來，洪的未老先衰早逝，便是情理之中事。

權力與地位，能給人帶來榮耀，也常常使人异化。過早地衰老以至於因此殞命，應是异化中的最可悲者。

□朝廷的封賞是公還是不公

原文

早飯後清理文件。

接奉寄諭，係余廿三日所發克復金陵一摺之恩旨也。余蒙恩封一等侯、太子太保，雙眼花翎；沅弟蒙恩封一等伯、太子少保，雙眼花翎。沅弟所部李臣典封子，蕭孚泗封男；其餘得世職者十六人，得黃馬褂十二人，得雙眼花翎二人。非常之恩，感激涕零。旋摘録諭旨於日記中。

寫紀澤兒信一片。進城至僞侍王府。沅弟請諸將戲酒酬勞，余與于會看戲，至午正開筵。未刻至僞英王府一看，酉刻回營。與沅弟及眉生𦖭談。傍夕小睡。夜核批札各稿，尚有二件未核畢。（同治三年七月初十日）

評點

六月二十三日，曾氏以官文與自己領銜，以楊岳斌、彭玉麟、李鴻章、曾國荃附銜的形式，向朝廷詳細報告攻克南京之戰的情形，並附上一份長長的保單，用六百里加緊紅旗快遞京師。六月二十九日，朝廷在收到捷報的當天，便頒發獎賞。曾氏七月初十日收到。兩天前他接到江寧將軍富明阿發來的咨文，咨文中抄録關於獎賞的諭旨。由此可知，朝廷的公文是以四百里的速度下發的。至於曾氏晚收到兩天，很可能是出自於傳遞上的緣故。

朝廷的嘉獎令有兩份。一份是獎勵攻打南京的主戰場的重要立功人員。一份是主戰場之外的重要立功人員。曾氏列在第一份上的第一名：賞太子太保銜，封一等侯爵，世襲罔替，賞戴雙眼花翎。曾氏的一等侯封賞，在清王朝的功臣封爵體系中究竟占一個什麽樣的位置，我們可以據《清史稿》中的《諸臣封爵世表》來分析。

按清王朝的封爵等次，在侯爵之上有王爵與公爵兩個等級。漢人王爵中有定南王孔有德、靖南王耿仲明、平南王尚可喜、平西王吴三桂、義王孫可望。這些人都是在三藩之亂前封的。三藩之亂平定後，康熙下令，漢人永不封王。果然之後再無漢人封王的記載。漢人公爵有：一等海澄公黄梧、一等

公年遐齡、一等公年羹堯、一等謀勇公孫士毅、三等威信公岳鍾琪、續順公沈志祥、海澄公鄭克塽、承恩公白文選、三等公陳福。

此中與曾氏有可比性的爲三人。一爲年羹堯，雍正元年以平西藏封三等公，次年以平青海進一等公。一爲孫士毅，乾隆五十三年十二月以平安南封。另一個爲岳鍾琪，雍正二年三月以平青海封。曾氏平定太平天国，對朝廷而言，論功不下於孫士毅、岳鍾琪，曾氏未得到公爵的封賞，應屬不公平。

我們再來看一等侯爵的封贈。清王朝封的漢人一等侯爲：一等侯馬得功，一等靖逆侯張勇，一等延恩侯朱之璉，一等昭勇侯楊遇春，一等毅勇侯曾國藩，一等肅毅侯李鴻章，一等侯袁世凱，一共七人。其中朱之璉爲朱明王朝後裔，身份特别，李鴻章是死後追贈，可以不算。袁世凱封在清王朝即將交出政權的前夕，朝廷此舉有無奈與籠絡之意。因軍功受封一等侯的僅馬得功、張勇、楊遇春、曾國藩四人。從這點來看，朝廷待曾氏並不算太薄。

我們再來看看朝廷對南京前綫總指揮曾國荃的封賞：加太子少保銜，封一等伯爵，戴雙眼花翎。若單看這一條，朝廷的賞賜規格也不低。但聯係到給主戰場之外的封賞來看，問題就來了。朝廷給官文、李鴻章也封的是一等伯爵，賞戴雙眼花翎。三個多月後，左宗棠肅清全浙，也被封一等伯爵。在朝廷眼裏，曾國荃與官文、李鴻章、左宗棠是一個等級的。因爲武漢、蘇州、杭州、南京都是地方上的都會，政治上的級别是一樣的，所以，收復武漢的官文，收復蘇州的李鴻章，收復杭州的左宗棠，與收復南京的曾國荃，他們所立的功勞都一樣，所得封爵也應該一樣。朝廷這種看待，實際上是在有意抹殺南京這十多年來的特殊政治地位，刻意無視它作爲敵國首都的既成事實。朝廷這樣做，嚴重地傷害了曾國荃。事實上，曾國荃所付出的辛勞，所立的功績，遠遠地大過官、李、左。何況，老九還

有收復安徽省會安慶的功勞。從這點上看，朝廷對老九不公。難怪打下南京後，老九的心情就一直在抑鬱之中。

□修復江南貢院

原文

早飯後清理文件，旋圍棋一局。改信稿、批稿數件。見客二次，武祖德談頗久。辰刻大風雨，已刻少息。

進城看貢院，規模極爲狹小，號舍十存其九，號板全無。明遠樓大致粗存，至公堂、衡鑒堂尚好。監臨、主考，十八房住處，内提調、内監試、内收掌、謄録所、對讀所，皆無存者，而餘地甚少。因令於後墻外圈入民地若干，以爲十八房、内收掌住處。工程計須四五萬金。黄少鵾以爲十月内必可落成，余則不敢必也。旋至英王府一看。出城約共行四十里，到營已申刻矣。

中飯後，閱本日文件，寫挽幛二分。將李臣典之戰功寫一清單，即就沅弟之咨删改一過。傍夕與沅弟畧談。夜再圍棋一局，又觀沅弟一局。天氣驟凉，已成秋矣。三更睡，不甚成寐。（同治三年七月十七日）

評點

打下南京後，曾氏做的最大的一件事便是修復江南貢院。我們知道，江南貢院是江蘇、安徽兩省

秀才考舉人的場所，既合兩省人口之數，又是人才薈萃之地，故江南貢院爲僅次於順天貢院的全國第二大考點。咸豐三年春，南京變爲天京，太平天国自已開科取士，江南貢院遂名存實亡。咸豐九年，江南兩省士子借杭州貢院開萬壽特科與咸豐五年乙卯正科，以後的咸豐八年戊午、咸豐十一年辛酉、同治元年壬戌及同治三年甲子四科考試都没有舉辦，積壓一大批渴望通過科考出人頭地的讀書人。作爲由科考出身的農家子弟，曾氏知道修復江南貢院是一件深得民心的大事。進入南京不久，他便親自查勘江南貢院。

南京在十餘年間遭受兩次大的戰爭。一次是咸豐三年二月，太平軍奪取南京，一次是同治元年五月至同治三年六月間，湘軍吉字營包圍南京。打下南京，是太平天国的巨大勝利；收回南京，是湘軍的重大成果。這在當時，都是被勝利者大力渲染大加慶賀的了不起的大喜事。

但是，對於人類社會而言，對於文明史而言，這真是大悲哀。兩次攻城，死的百姓不下數十萬。他們都是無辜的。無論誰來充當南京城的主宰者，他們都得不到什麽好處，都得靠自己的勞作來過日子，但他們的生命却因戰爭而喪失！還有那些前代留下來的珍貴建築，那些寶貴的書籍與各種藝術品，它們都是唯一的，不可復製的，它們越數百上千年，經受了大自然風霜雨露的摧殘而保存下來，却最終毁在人類自己的手中。江南貢院衹不過是其中的一處而已。從它的遭遇，我們已經看到戰爭的破壞性。人類應該永遠不要再有戰爭！

□曾老九奉旨開缺回家養病

原文

黎明，接奉廷寄諭旨，沅弟准回籍開缺養病，賞人參六兩。飯後，進城入署。行三十餘里，巳初至署，賀客甚多。內人及兒女輩次弟入署。沅弟亦力疾來賀。應酬至申正始畢。

酉刻圍棋一局。傍夕小睡片刻。夜改片稿一件，温《詩經》數篇。袁氏婿於五月來金陵，另住公館一所，本日亦不入署居住，浮蕩可嘆！（同治三年九月初十日）

評點

同治三年七月二十日，曾氏向朝廷奏報：『曾國荃克城之後困憊殊甚，徹夜不寐，有似怔忡。據稱心血過虧，萬難再當大任，恐致僨事，意欲奏請回籍，一面調理病軀，一面親率遣撤之勇，部勒南歸，求所謂善聚不如善散、善始不如善終之道。』

八月初，曾國荃收到朝廷的答復：『該撫所見雖合於出處之道，而無藎臣謀國之誼，尚未斟酌盡善。況遣散勇丁，祇須分派妥靠之員沿途照料，而現在江寧、安慶等地均需督兵鎮守，該撫正宜駐扎江寧，安心調理，一俟就痊，即可幫同曾國藩分任其勞。即着曾國藩傳旨存問，無庸遽請開缺回籍。』

爲此，曾氏在八月二十七日再次專摺請求：『伏查臣弟曾國荃，春夏之變飲食日減，睡不成寐，臣曾陳奏一次。然以一人而統九十里之圍師，與群酋悍賊相持，自無安枕熟睡之理，亦係將帥應嘗之苦，臣尚不甚介意。迨克城之後，臣至金陵，見其遍體濕瘡，仍復徹夜不眠，心竊慮之。近十數日不得家書，詢之來皖差弁，知其肝火上炎，病勢日增，竟不能握管作字。幸值撤務就緒，軍務業經大定，地方又無專責，合無仰懇聖恩，俯如所請，准曾國荃開缺，回籍調理。一俟病體就痊，即令奏請銷假入都陛見，跪求聖訓。』

九月初十日清早，曾氏接到諭旨：『曾國荃着准其開缺回籍調理，並着賞給人參六兩，交該撫祇領，用資保衛。該撫係有功國家之臣，朝廷正資倚畀，尚其加意調治，一俟病體痊癒，即行來京陛見。』

上面所録，就是關於曾國荃開缺回籍的正式文本上的記録。讀了這些記録，不禁讓人疑惑：怎麽前後都是曾氏一人在唱獨角戲，不見曾老九本人的奏報？查曾國荃的奏疏，亦不見存有這件事上的文字。曾老九此時官居浙江巡撫，完全有資格單獨給朝廷上摺，爲何這樣大的一件事，都要他的大哥來代辦呢？應該説，此事的背後决不會像上面所説的這樣簡單。筆者曾經爲此作過一些設想。

很可能是曾老九對朝廷極爲不滿，這段時期他不願意跟朝廷聯係。老九的不滿，除開前面所説的在封爵上有不平外，還有朝廷對他放走洪天貴福、李秀成的指責，以及對吉字營將士打劫南京城裏金銀財貨的譴責。從曾氏兄弟的來往信件中，我們知道老九在打下南京後心情一直鬱鬱不歡，完全不是人們所想象的那種大功告成、志得意滿的心態。

也有可能老九本人根本就不願意解甲歸田，而是曾氏一手做主，替他代辦的。曾氏爲什麽要這樣做呢？因爲在取得大勝後，曾氏要實行『功成身退』的戰略方針。老九留在南京，對這個戰略方針的推行有障礙。據不少野史上的記載，出於對朝廷的怨氣，吉字營上下瀰漫着一股有可能發生『陳橋兵變』的氛圍。這是曾氏極爲畏懼的事情。他必須得先把吉字營的統領打發走，以後的事情纔好辦。

當然，這些設想並没有絕對可靠的史實作爲支撑，但依情依理，都是極有可能性的。總之，曾老九開缺回籍這件事的背後大有故事在，決不是如表面文章所説的這等灑脱、純粹。

□赴皖鄂交界處作戰事

原文

早飯後清理文件。見客三次，均坐談甚久。圍棋一局。巳刻，劉開生、張嘯山、李壬叔來久談。核科房批稿，閱段《説文》二葉，中飯後又閱四葉。閱本日文件。申正寫對聯七付，改信稿數件。傍夕至勒少仲房一坐，渠本日新入幕府也。

夜，接奉廷寄，命余帶兵至皖、鄂交界剿賊，命李鴻章署江督、吴棠署蘇撫、富明阿署漕督。旋又與客圍棋一局。二更後，錢子密等來久談。二更三點睡，竟夕不能成寐。

是日巳刻，將楷書告示寫畢，約百餘字。（同治三年十月十三日）

評點

十月二十二日，就朝廷命帶領所部前赴皖鄂交界督兵一事，曾氏給朝廷上摺。其要點如下：一、因爲此次作戰的主要對象爲捻軍，請調淮軍將領劉銘傳、李鶴章統帶所部隨行。二、曾氏『自揣臨陣

指揮非其所長，不得不自藏其短，俾諸將得展其才』，故不親臨前敵，駐扎安慶、六安等處。三、派湘軍名將劉連捷帶勇奔赴前綫，由官文指揮。

曾氏的這道奏摺透露出一個重要的信息，即經過大規模裁撤之後，湘軍實力大减，已經不能獨自擔當大戰的重任；相反，淮軍正在崛起。隨着後來曾國荃新湘軍在捻戰中的慘敗，以及李鴻章最終平定東捻、西捻，湘軍便基本上退出歷史舞臺，中國的軍事領域已進入淮軍時代。

曾氏的此種安排，後來没有得以實行，原因是十多天後他收到朝廷的諭旨：皖鄂交界處已經安定，無須曾氏親自帶部前往。

□甲子科江南鄉試

原文

黎明即入貢院寫榜，共正榜二百七十三人，副榜四十八人，余代監臨照料一切。闈墨極佳，有書卷，有作意，無一卷爲庸手所能者。自辰正填寫起，至傍夕將正榜寫畢。解元汪璧，江都人。戌初寫副榜，至亥初三刻寫畢。

余隨榜出闈。到署後，閱本日文件。三更睡，五更醒。（同治三年十二月十四日）

評點

同治三年十一月初八日，停止考試十三年之久的江南貢院業已修繕完畢，正式開考。這一天，雨

雪紛紛，而前來參考人員則多達一萬八千人，創有科舉考試以來的紀録。這次鄉試的首題爲《葉公問政三章》，次題爲《有餘不敢盡》，三題爲《湯執中立賢無方》，詩題爲《桂樹冬榮》，得『風』字。通過頭場、二場、三場的考試，以及閲卷官的審讀，到了十二月十三日，全部程序都已走完。次日黎明，曾氏來到貢院，爲考中者親題姓名。曾氏以一等侯相之尊，又兼著名書法家，甲子科江南鄉試録取者的姓名被他題上金榜，也算是一生之幸事。正榜二百七十三人，副榜四十八人，共計三百二十一個姓名，曾氏自上午寫到半夜。無論是其特殊的背景，抑或是參與之人數，還是主持人之地位，甲子科江南鄉試，都是中國千餘年來科舉史上值得一提的一次考試。

□恭親王革職事

原文

早飯後清理文件。開船赴焦山，舟次圍棋一局。巳初至焦山，見客多次。方丈大和尚名芥航。常鎮道許緣仲道身亦寓此山。周覽各院寺樓，各寺皆在山之南。觀寺中所藏楊忠愍公所書手卷二件、近代名人題識甚多。又觀王夢樓所書壽屏等件。又觀純廟所賜平定安南、平定臺灣等印圖。午初芥航請吃齋麵。午正緣仲請吃中飯。未正飯畢，登焦山絕頂一覽。

同游者爲彭雪琴侍郎玉麟、李小湖大理聯琇、黄昌岐軍門翼昇、鄧守之布衣傳密、方元徵大令駿謨、陳小浦廣文方坦，皆隨余自金陵來者也；李雨亭都轉宗羲、莫子偲大令友芝、張芑堂觀察富年皆自揚州來者也。在山頂、山北兩寺小憩良久，酉刻歸。寺僧索題識，於兩手卷各題數字以記歲月。又觀《瘞鶴銘》及寺中所藏周鼎、阮文達所施置漢定陶鼎，又觀所藏鄧完白墨迹。傍夕觀雪琴、守之作書數幅。燈後，雨亭請吃晚飯。旋歸舟。倦甚，小睡。

是日早間閲京報，見三月八日革恭親王差事諭旨，有『目無君上，諸多挾制，暗使離間，不可細問；每日召見，趾高氣揚，言語之間諸多取巧妄陳』等語，讀之寒心，惴慄之至，竟日忡忡如不自克。二更三點睡，不甚成寐。（同治四年三月二十八日）

評點

曾氏好不容易有一天休閑旅游的日子，却偏偏又在『竟日忡忡如不自克』中度過。其緣由是他一早閲京報上登載的恭親王奕訢革去差事的諭旨。同治四年三月初五，翰林院編修蔡壽祺上疏彈劾恭親王辦事徇情、貪墨、驕盈、攬權、多招物議，應『歸政朝廷，退居藩邸，請別擇懿親議政』。初七日，兩宫皇太后以同治帝名義頒發諭旨：『恭親王奕訢議政之初尚屬謹慎，迨後妄自尊大，諸多狂傲，倚仗爵高位重，目無君上，視朕沖齡，諸多挾制，往往暗使離間，不可細問。每日召見，趾高氣揚，言語之間諸多取巧妄陳。若不及早宣示，朕親政之時，何以用人行政？凡此重大情形，姑免深究，正是朕寬大之恩。恭親王着毋庸在軍機處議政，革去一切差使，不准干預公事，以示朕曲爲保全之至意。』這就是曾氏在京報上看到的上諭。

恭王是皇帝的親叔，又是辛酉政變的關鍵性人物，對慈禧打敗肅順等八個顧命大臣取得執政地位發揮了至關重要的作用。可是這樣一位特殊人物，居然在掌權不到半年時間，便被慈禧驅逐出局。政治鬥爭的無情與殘酷，於此可見一斑。曾氏深諳權謀，對於位高權重易遭不測素來懷有恐懼，得知這等消息，聯係到自己的處境，自然會有『讀之寒心，惴慄之至』的感覺。

然而，此事過幾天以後又有轉機。對於恭王的被革，朝廷内外議論甚多，大部分對此不滿。初九日，王公大臣、大學士、六部、九卿、翰、詹、科、道集議。十四日，王公大臣、大學士復議，多數人主張宜令恭王改過自新，再爲録用。慈禧知此舉不得人心，十六日，以兩宫太后的名義頒布懿旨：『恭親王誼屬懿親，職兼輔弼，在親王中倚任最隆，恩眷極渥，特因其信任親戚，不能破除情面，平時於内廷召對多有不檢之處，朝廷杜漸防微，若復隱忍含容，恐因小節之不慎，致誤軍國之重事，所關實非淺鮮；且歷觀史册所載，往往親貴重臣，有因遇事優容，不加責備，卒至驕盈矜夸，鮮有克終者，可爲前鑒。日前將恭親王過失嚴旨宣示，原冀其經此懲儆之後自必痛自斂抑，不至再蹈愆尤。此正小懲大誡，曲爲保全之意。如果稍有猜嫌，則惇親王等摺均可留中，又何必交廷臣會議耶？兹覽王公、大學士所奏，僉以恭親王咎雖自取，尚可録用，與朝廷之意正相吻合。現既明白宣示，恭親王着即加恩仍在内廷行走，並仍管理總理各國事務衙門。』除議政王大臣這個最重要的職務外，其他的職務又還給了奕訢。奕訢在慈禧面前痛哭流涕，表示認錯悔改。從那以後，奕訢惟慈禧馬首是瞻，謹守臣子本分。

□奉命充當捻戰統帥

原文

早飯後清理文件。旋見客，坐見者四次，立見者一次。圍棋二局。陳舫仙來一坐，將告示稿作

畢。旋又見客，坐見者二次。

接奉廷寄，知僧王於二十四日接仗失利，邸帥陣亡，命余赴山東剿賊，李鴻章署江督，劉郇膏護蘇撫，爲之詫嘆憂憤。

中飯後至幕府一談。旋閱本日文件，李小湖來久談，篪軒、省三來一坐，核批札各稿，小岑來久談。夜核各信稿，二更與兒輩看星。三點睡，疲倦極矣。（同治四年五月初三日）

評點

在太平天国時期，與太平軍結爲盟友共同對抗清朝廷的還有一股强大的勢力。這股勢力名曰捻軍。捻軍的歷史可以追溯到清初康熙年間。那時，淮河兩岸窮苦民衆，爲反清而結成團體。這個團體被稱之爲捻黨或捻子。捻即組合、聯結、抱團打伙的意思。以數十人或數百人爲一股，謂之一捻。居則爲民，出則爲捻，互不統屬。

咸豐元年，河南南陽等地捻黨揭竿而起。次年初，安徽亳州捻黨首領張樂行等在蒙城雉河集聚衆起義。從那以後，捻子被稱爲捻軍。咸豐三年，太平軍北伐路經安徽、河南，各地捻黨紛紛響應。咸豐七年，各地捻軍首領聚會雉河集，公推張樂行爲盟主，稱大漢永王。這年二月，捻軍接受太平天国領導，洪秀全封張樂行爲征北主將。但張聽封而不聽調，捻軍獨立行動。十年，太平天国封張樂行爲沃王。同治二年，張樂行戰敗被殺，捻軍勢力大爲減弱。同治三年，太平天国遵王賴文光與捻軍首領張宗禹、任化邦會師，捻軍復振。同治四年四月，清廷剿捻統帥、蒙古親王僧格林沁在山東曹州（今菏澤）遭捻軍圍殲而被擊斃。五月初三日，曾氏奉到上諭：『欽差大臣協辦大學士兩江總督一等毅勇

侯曾國藩着即前赴山東一帶，督兵剿賊，兩江總督着李鴻章暫行護理，江蘇巡撫着劉郇膏暫行護理。』初五日、初七日，曾氏連接三道上諭。朝廷急如星火，連連催促曾氏迅速啓程。

而此刻的曾氏，心裏非常爲難。第一爲難是在情緒上。打了十多年的仗，曾氏本人連同大部分湘軍各級將領都有一種厭煩心態。尤其是曾氏，多年征戰生涯所遭受的内外苦痛，已讓他心力交瘁，況且年屆五十五歲，多種疾病纏身。他的人生宗旨已明顯地趨向於道家。南京打下後，他寫給老九的十一首賀壽詩，貫穿其中的主綫便是老子『功成身退』的思想：『低頭一拜屠羊説，萬事浮雲過太虛。』『已壽斯民復壽身，拂衣歸釣五湖春。』『與君同講長生訣，且學嬰兒中酒時。』這些詩句與其説是寫給老九的，不如説是曾氏自己心曲的坦陳。這時的曾氏，他何嘗願意再來督帶兵勇奔赴前綫？

第二爲難的是能應徵的將士缺乏。吉字營在曾老九離開南京後，便大規模地裁撤，五萬人馬眼下衹剩下作爲護衛親兵的三千人。要調則衹能調劉松山的寧國一軍，還不知道這支部隊願不願意北上。能打仗的劉銘傳的淮勇，人數少，不敷分撥。今後衹能派將弁到徐州去另募新勇，但這需要時日。

第三爲難的是跟捻軍打仗要依靠騎兵，因爲捻軍的優勢在於馬隊。但無論湘軍與淮軍，都缺乏這支部隊，必須去古北口采買戰馬，再加訓練，同樣不是三五個月就可以辦好的事情。

第四爲難的是要扼住捻軍北進，唯一可恃的天險爲黄河，故而必須興辦黄河水師。訓練出一支能打仗的水師亦不容易。

五月初九日，他給朝廷上摺，瀝陳萬難迅速北上的種種情形，除情緒上的難處不便説外，其他各種爲難，他都細細地向朝廷作了報告。同時又上一附片，説自己『精力頹憊，不能再任艱巨』，『近聞賢王鄆城殉節之信，彌加焦灼，寸心無故驚怖，更事愈久，心膽愈小』，懇請朝廷另簡知兵大員督辦北路軍務，以寬他的重責，他願以閑散人員在軍營效力。

□曾國荃參官文案

原文

早飯後清理文件。祝爽亭來久談，路漁賓來一談。圍棋一局。又觀人一局。聞放星使綿尚書森、譚侍郎廷襄至河南查辦事件。河南無事可查，想係至湖北查案，懸繫無已。雪琴來久談，中飯後始去。閲本日文件，閲《既夕禮》，申正畢。見客二次，曾恒德自口外買馬回營，詢問一切。寫李少泉信三葉。傍夕小睡。夜又寫李信三葉，畢。核批札各稿。二更三點睡，因食羊肉稍多，太飽，不能成寐。三更後成寐，四更末醒。（同治五年九月二十六日）

評點

日記中説綿森、譚廷襄二人到河南查辦事件，河南無事可查，估計可能是到湖北查案，因而『懸繫無已』。爲什麽星使去湖北查案，會令曾氏如此懸繫呢？原來，湖北案子的主角之一，便是他的胞弟曾老九。這事得多説幾句。

同治三年十月，曾老九從南京回到老家湖南湘鄉。次年三月，老九在老家奉到命他進京陛見的上諭，他以病未痊癒辭謝。五月，朝廷又催他進京，老九再辭。七月初，朝廷授他爲山西巡撫，老九以病難速痊爲由，疏請開缺。朝廷指示：『着毋庸開缺，賞假六個月，在籍安心調理，一俟病體稍愈，即行迅速北上。』

同治五年二月，老九奉到湖北巡撫之命。在此前幾天，身爲捻戰督帥的曾氏在江蘇徐州府，先行接到上諭。曾氏心中爲朝廷的這個安排甚爲高興。他在正月三十日的日記中寫道：『接奉廷寄，沅弟簡授湖北巡撫。從此三江兩湖聯爲一氣，於辦捻較有把握，爲之欣慰。』第二天，曾氏即給老九去信，對弟弟説：『朝廷爲地擇人，亦即爲人擇地，聖恩優渥，無以復加。而余辦捻事，正苦鄂中血脉不能貫通，今得弟撫鄂，則三江兩湖均可合爲一家，聯爲一氣。論公論私，均屬大有裨益。』

的確，於公於私，老九這次都不能推辭，他接受了。曾老九在湖南招募六千湘勇，組成七個軍營，由他的老部下彭毓橘、郭松林爲大將統率。他將湖北的舊軍營裁汰，改鄂省總糧臺爲軍需總局，應支餉需，以鹽厘各項歸厘金局核收。曾老九重抖昔日威風，準備與捻軍大幹一場，既再展自己的軍事才幹，又支援了大哥。不料，老九到湖北没有多久，便與武昌城内另一大員——湖廣總督、大學士、一等伯官文鬧起内訌。一怒之下，他上疏朝廷，彈劾官文。此疏寫於同治五年八月二十六日，離他抵達武昌僅五個多月。

我們先來看看曾老九是怎樣彈劾官文的。老九列舉官文七條罪狀：一爲濫支軍餉，二爲冒保私人，三爲公行賄賂，四爲添受陋規，五爲彌縫要路，六爲習尚驕矜，七爲嫉忌讒言。爲了扳倒官文，老九認定官文係慈禧最恨的肅順的黨羽：『賄通肅順寵位日固，資望日深，巡撫屢經更易，政柄悉歸督署。』爲了排除嫌疑，老九向朝廷表明他彈官文决非起於私人怨仇：『臣與官文素無嫌隙，官文待臣頗尚私誼，原可隨衆沉浮，免招厚怨，覰時附會，足保榮華。第念人臣養交之利，非公家之利也。傳曰：「苟利於國，死生從之。」臣受恩深重，何以顧恤其他！』爲了表示自己所彈經得考查，决無虚假，老九在摺尾鄭重請求：『惟有吁懇天恩，特簡廉正親信大臣逐加糾察，儻有虚誣，自甘重坐。』

看來，這的確是一份極具重量的參摺，在當時的政壇引發如同八級地震般的震撼。

官文是滿人，由頭等侍衛出身，從咸豐五年起，便出任湖廣總督，同治元年晉升文華殿大學士，同治三年受封一等伯爵，賞戴雙眼花翎，還享受抬旗之榮。是朝廷的大親信、大功臣。而曾老九則是勞苦功高，爲朝廷建立天下第一功，現又是被朝廷委以重任的新湘軍統帥。同處一個戰場，同在武昌城内，一爲總督，一爲巡撫，兩個人鬧得如此不可開交，真讓朝廷頭痛。還有一個爲之頭痛的人，那便是身在捻戰前綫的曾國藩。

從現今保留下來的曾氏致老九的信中，可知老九參劾官文的念頭，事先已告知乃兄，但曾氏明確表示不支持。然而老九不聽大哥之言，一意孤行。曾氏拿他也没辦法，衹是心中叫苦不迭：老九實在太孟浪！此舉既對官文造成傷害，也會給自己帶來很大的麻煩，并且對捻戰大局極爲不利。我們從十一月初七日，曾氏致老九的家信中可以看出：『弟開罪於軍機，凡有廷寄，皆不寫寄弟處。概由官相轉咨，亦殊可詫。』在官曾官司中，軍機處明顯偏袒官。十二月十二日，又對老九説：『少泉勸我密疏保全順齋。不知邪火正旺，弟用芒硝大黄且攻之不下，吾豈可更進參茸乎？人心日僞，大亂方長，吾兄弟惟勤勞謙謹以邀神佑，選將練兵以濟時艱而已。』

在朝廷，官文可謂奧援甚多。曾老九的一紙參劾，根本不能動摇官文牢不可拔的地位。老九真個是自恃功高，小看對手了。十二月二十七日，老九在給大哥的信中，無奈地傳遞了這個信息：『弟德涼福薄，謬列高位，又不量力而參劾秀相，本係取禍之道。今值此内訌外侮之交，灾生意外，惟有益自儆惕，不敢稍涉怨尤，當求隨時訓示申儆爲叩。』

然則，曾老九爲何要來嚴參官文？難道真的如他自己所説，純出於公心，没有個人嫌隙嗎？事情不是這麼簡單的。論者以爲官曾構怨，遠因起自咸豐八年的三河之役。傅耀琳撰《李續賓年譜》卷三：『初，公在桐城以軍士戰疲，又慮賊繞竄潛、太，發書湖北調防軍。官文持公書遍示司道曰：「李公用兵如神，今軍威大振，何攻不克，豈少我哉？」其下無敢异者。公檄召成大吉軍，勇毅公與官文書請自率之進。胡公居喪，得公潛山手書，急走書官文，言公力戰太苦，兵太單，後路太薄。曾公國藩亦自建昌以書論之。官文堅持初意。』

不久，李續賓這支湘軍中的勁旅在三河全軍覆没，李續賓與曾國華均死在這場戰争中。官文就這樣與整個湘系集團結下了仇恨（曾氏同治五年八月十二日給老九的信上説：『申夫力求請假回籍，弟可設法成其本志。渠平日深服弟之功大，以爲李、左蘇浙之易，皆由悍賊全在金陵而佔便宜。又深悉順齋之惡，决不至與弟隔閡。』順齋二字，係曾氏兄弟稱呼官文的用語。這段話寫在老九參官文之前，從中可以看出，湘系軍事集團對官文的厭惡），而官文與曾氏兄弟的怨仇，自然又比别人深過一層，衹是老大懂得克制，老九恣意性情罷了！

官、曾之隙的中期原因，則是出於老九對官文與他同封一等伯的不滿。在老九看來，官文乃庸劣無能之輩一個，怎麼可以與他相提並論！即便收復武漢一事，其功勞也是胡林翼的，與官無涉。官文無非是滿人，無非會拉拉扯扯而已！

官、曾之隙的近期原因，是官文對老九來鄂的舉措不滿，没有支持配合老九的所作所爲；再加之有人從中推波助浪，終於引爆。《凌霄一士隨筆》第二卷《曾國荃劾罷官文》一文於此説得頗詳，特

摘録於下：『曾國荃之爲湖北巡撫，負剿捻之責，總督官文於兵事餉事頗掣其肘，既不快，復憤其庸鄙不職而對己甚倨，因上疏劾之，而助成此舉者，蓋爲湖北鹽道丁守存。前此臬司出缺，巡撫欲以丁署理，官文持不可，竟改委他員。丁自負資望當得此，恚甚，且慮官文更謀不利於己也。及見曾，乃搜求官文貪劣諸狀，悉以告曾，力勸先發制人，曾意始决。疏稿亦丁所草。』

從徐凌霄、徐一士兄弟的隨筆中，可知湖北鹽道丁守存是其幕後的得力推手，而此人則純粹是出於一己之私利。

由於職責分工的不明晰與職級職權的相差不大，清代同城督撫不和的現象經常發生。朝廷通常采取和稀泥的辦法，各打五十板之後再調離其中一個。這次督撫不和的兩個主角都非尋常人物，比起一般督撫不和來，朝廷顯得更爲重視，特地委派一個滿尚書、一個漢侍郎來調查。但最終采取的辦法也還是慣例：因爲此時正需要曾老九帶兵剿捻，故曾老九留下，將官文調到直隸去做總督，並没有對他作任何處置，留下漢侍郎譚廷襄來接替官文做湖廣總督。

這一場鬧得沸沸揚揚的曾老九彈劾官文案便這樣了結。

□奉朝廷嚴責，心情鬱抑

原文

早飯後清理文件。觀人圍棋二局，見客二次。閲《喪服記》畢。中飯後閲本日文件。因《喪服記》『衽二尺有五寸』句，制度苦思不得，又命紀鴻及吴摯甫代爲籌思。改信稿數件。夜將制衽法想

出，摯甫亦另思得一法，各爲記出。閲《明史》蔡懋德傳、趙南星等五人傳。

是日接奉寄諭，嚴旨詰責，鬱抑久之。二更三點睡，三更後成寐，四更四點醒。（同治五年十月十九日）

評點

同治四年五月下旬，曾氏離開南京北上，途中接朝廷節制調遣直隸、山東、河南三省旗綠各營及地方文武之命。八月初抵達徐州府。同治五年二月初離開江蘇進入山東。六月中旬，由山東進入安徽。八月初，抵達河南。曾氏沿途部署，指揮蘇、魯、皖、豫各省與捻軍作戰。儘管曾氏殫精竭力，但收效甚微。捻軍行動敏捷，飄忽不定，令各省兵勇防不勝防。

近期，河南捻軍又由靈寶、閿鄉進入陝西華陰、朝邑一帶，朝廷爲此嚴責曾氏。本日日記中所説的就是這道由軍機處轉來的上諭：『曾國藩總統師幹，身膺閫寄，各路將士均歸調度，從未籌及陝、洛防務。辦理一載有餘，賊勢益形蔓延。現在關中又復被擾，大局糜爛至此，不知該督何顔以對朝廷？若再不速籌援師赴陝，將此股捻匪設法殄滅凈盡，則始終貽誤，咎將誰歸？』

上諭語言嚴厲，確令功勛卓著的曾氏難堪。曾氏心中的苦楚，朝廷根本不加理會。曾氏之苦，一是剿捻的大計方針，不爲人所理解。曾氏認爲捻軍的最大特點是流動作戰，軍行快捷，難以捕捉，必須將他們圈定在一個較小的範圍内纔好全力聚殲。爲此，他定下河防之策。河防之策的要點是：自周家口之下扼守沙河，周家口之上扼守賈魯河，自朱仙鎮以北至黄河南岸無水可扼，則掘濠守之。此策因地段太長，扼守不易，大家幾乎都不贊成，認爲太迂太拙，勉强行之也衹是陽奉陰違。苦處之二是隨曾氏出征的淮軍，表面上聽曾氏的，實際上則事事請示遠在江蘇的李鴻章。曾氏不能得心應手地指揮他們。爲此，曾氏專門致函李鴻章，叫他不要遥控。苦處之三是河南巡撫李鶴年並不支持曾氏的河防之策，且所統領的河南軍隊毫無戰斗力。但李鶴年在曾氏家居守喪、受朝廷冷落時，曾仗義執言，呼吁朝廷起用曾氏。李對曾氏有恩在先，曾氏感激他，對他很客氣。面對李的消極態度，曾氏也衹得聽之任之。

種種原因加在一起，終使得曾氏的河防之策成爲畫餅。同治七年中旬，捻軍在朱仙鎮附近突圍成功，疾趨山東。九月中旬，捻軍由山東復返河南。在河南分爲兩支，一支由張宗禹領導進入陝西，是爲西捻。一支由任柱、賴文光領導進入山東，是爲東捻。曾氏憂心如焚，却無力應對。十月十三日，他向朝廷上摺，聲稱自己病難速痊，請開協辦大學士、兩江總督缺，請另簡欽差大臣接辦軍務，自己以散員身份留營效力。又請朝廷注銷他的侯爵封賞，以明自貶之義。十月二十五日，曾氏接到朝廷的答復：再賞假一個月，在營調理；欽差大臣關防着李鴻章暫行署理；請注銷侯爵一事着毋庸議。李鴻章以欽差大臣身份節制湘淮各軍。曾氏終於鬆了一口氣。

□重回兩江總督本任

原文

早飯後清理文件。見客一次，圍棋一局，閲《有司徽》，寫少泉信一封。中飯後與幕府一談。再閲《有司徽》。閲本日文件。

接奉廷寄，令余回江督本任，仍擬恭疏辭之。

寫對聯八付。傍夕小睡。再與幕友一談。夜核批札信稿，寫零字甚多，寫册頁二幅，百餘字。温《易》《剥》、《復》二卦。温《太史公自序》。二更四點睡，四更五點醒。（同治五年十一月初六日）

評點

曾氏自同治四年五月離南京奔赴剿捻戰場，到今日接到重返江督本任，歷時整整一年半。這一年半的捻戰，對曾氏而言，可以説是勞而無功，但他不願再回去做江督。他在十一天後給朝廷上摺，言明原因：一是身體差，不能多用心，不能多説話，不能多見賓客，不能多閱文牘，故不宜再做總督。二是離開軍營而回地方，怕别人認爲他是『去危而就安，避難而就易』。他請求朝廷開除他的差使，而以散員留營。至於兩江總督，短期内可由李鴻章兼署，以後再另簡别人。曾氏的這個請求，朝廷没有答應。十二月初三日，曾氏再次上疏朝廷，請求開兩江總督、協辦大學士之缺。十五日，曾氏奉到上諭：『曾國藩當仰體朝廷之意，爲國家分憂，豈可稍涉疑慮，固執己見！着即懔遵前旨，克期回任，俾李鴻章得專意剿賊，迅奏膚功。』

在這樣的聖旨面前，曾氏不能再固執己見了，祇得再次接受江督關防。公允地説，曾氏這次執意辭去兩江總督的職務，除開有對捻戰無功自覺慚愧的一層意思在内外，更主要的原因，還是出於身體狀况的考慮。爲曾氏着想，此時他真的是以辭官回籍爲最好選擇。當然，他若這時真的就開缺，也就没有後來的武英殿大學士了，那麼曾氏一生最高的地位祇是協辦大學士。但是，後來的五年多，他飽受疾病折磨還得應付繁重公務，又還得身不由己地陷於天津教案，蒙受恥辱，以至於六十一歲未滿便

猝死於崗位上，真令人痛惜。這種遺憾，一個武英殿大學士能彌補嗎？

當然，從朝廷來説，不答應曾氏的請求，也有體恤功臣的一層好意在内。曾氏捻戰無功，是明擺着的事實。此時若開缺他一切職務，豈不是在懲罰他？何况曾氏纔五十五六歲，還不算太老，可以再幹幾年。好的用心，却不一定收到好的效果。天下事，真是難以逆料。激流之中，應當斷然勇退。曾氏之勉就江督，爲後人又留下一道覆轍。

□施舍水灾難民

原文

早飯後自大陽集起行，至小陽集二十里，小坐。旋又行三十五里，至碭山縣住宿，未初到。清理文件。見客，坐見者一次，立見者二次。中飯後圍棋二局，與幕友久談。是日，在輿中閱《古文·辭賦類》。夜，將《大射儀》批點數葉。胸膈間尚作惡，是以本日吃飯較往日略少。碭山去年水灾，居民窮苦异常，飢餓老幼夾道乞食。

有一僧名明亮者，募化施主，養飢民一百一十七名。因每人給錢一百，以答該僧之意，又另發錢十五千，分給各難民，蓋杯水車薪耳。

二更三點睡，屢醒，尚能成寐。（同治六年正月十三日）

評點

同治六年正月，曾氏由河南周家口軍營啓程，前往江南再任兩江總督，十三日來到蘇豫交界處碭山。此地向以盛産梨著稱，但這時却遭遇水災，老百姓流離失所，沿途討飯。有一個法號叫明亮的僧人，以化緣來養活一百一十七名飢民。曾氏接受明亮的化緣，同意給每人一百錢，又另外再發錢十五千，分給各難民。這兩筆錢加起來共二十六千七百錢。按當時一千三四百文錢折合一兩銀子計算，這些錢相當於二十兩銀子。對於一個尋常人來説，二十兩銀子不算小數，但對於一個兩江總督而言，這實在是一筆小錢。

此事涉及曾氏爲善的一面。我們來看看曾氏對做善事是怎麽樣看待的。咸豐八年正月，他在給九弟的信中，明確不贊成泛愛博施、沽名釣譽的爲善之舉。他認爲善事衹在三種情況做纔適宜：一爲濟急，二爲隨緣，三爲目擊。否則有沽名之嫌。另外，曾氏也反對以公款作爲私人善款來救濟別人，即便這個善款是爲了公事，比如説從軍餉中撥一部分錢出來爲自己的家鄉鋪路架橋。他認爲這樣做也不合適。正是出於這樣的理念，曾氏從自己的俸禄中拿出二十兩銀子來救濟親眼所見的飢民難民。

曾氏是不是小氣了？説實在話，曾氏以節儉出名，他的銀錢出手，無論是對己、對家人，還是對別人，都不是很大方的。這既有他性格上的不够開張的一面，也有他不是太看重物質的一面。當然，這次施舍，若拿四十兩、六十兩，甚至一百兩，曾氏也應該拿得出，但他衹拿出二十兩。這就是曾氏，一個可能被人視爲小氣的曾氏。但筆者能够理解他。一個地方遇到大的災難，最大最及時的幫助，應該來自政府，而最長久最根本的解決，還得靠自己。此時的曾氏，是以個人身份出現的，並不代表政府。所以，他既不能提供最大的幫助，更不能給予根本的解決。他衹是隨緣而已！

□爲李瀚章任湖督、劉崑任湘撫而喜慰

原文

早飯後，清理文件。見客，坐見者一次，立見者一次，圍棋二局。巳初，少泉來久談，因便飯，申刻乃去。閲本日文件。與幕府閒談。核批札各稿，寫祭幛二付。傍夕小睡。夜核信稿。二更後，略教紀鴻及葉甥作文之法。

接奉部文，李小泉授江蘇巡撫而暫署楚督，劉韞齋授湖南巡撫，丁雨生授江蘇藩司。從此諸事可以順手，而沅弟亦得安其位，爲之喜慰。

二更四點睡，四更二點醒，五更微得假寐。（同治六年正月二十三日）

評點

曾氏不贊成老九參劾官文，除因官文身份特殊外，他還爲誰來做繼任者一事當心。如果新的湖廣總督比官文還不好相處，豈不更糟？朝廷在調走官文後，由派去調查此案的刑部侍郎譚廷襄署理湖督一職。曾氏兄弟都知道，譚的這個任命多半是暫時的。他們都在等待究竟是何人來武昌做總督。現在終於有確訊了：李瀚章（字小泉）來做湖廣總督。對於曾氏兄弟來説，這真是最佳的人事安排。

李瀚章是李鴻章的親兄長，除同爲年家子這一特殊情誼外，其個人與曾氏的關係，也不亞於老

二。咸豐三年，李瀚章以拔貢身份出任湖南善化知縣。此時，曾氏正奉命在湖南大辦團練，李自然成了曾氏最爲倚重的助手。咸豐四年二月初，曾氏大軍練就，高調開拔，出省與太平軍宣戰。就在這時，他向朝廷舉薦李『隨同東征差遣』。從那以後，李就成爲曾氏後路軍需的主要負責人，長期主持湘軍糧臺，隨大軍進止。李既對曾氏忠貞不貳，又幹練穩重，深受曾氏器重。隨着曾氏的不斷保舉，李亦官運亨通，由知縣升道員、按察使、布政使，同治四年升湖南巡撫。現在又讓李以江蘇巡撫的身份兼任湖廣總督。既與曾家有如此深厚的淵源，其弟又接替曾氏做了捻戰的統帥，身爲剿捻前綫地區的湖廣總督李瀚章，怎麼可能不以全副精神配合老九，爲捻戰大局盡心盡力呢？

另外，朝廷又讓劉崐（字韞齋）接替李瀚章做湖南巡撫。朝廷的這個人事安排，也是很用心思的。劉崐在咸豐初年出任過湖南學政，與在家鄉辦團練的曾氏有過較好的相處。同治三年，劉出任甲子科江南鄉試的正主考，與曾氏共襄南京收復後的第一次大考盛事，與曾氏結下很深的情誼。作爲湘軍的故鄉，湖南省的巡撫一職由誰擔任，顯然是至關重要的。由劉來做湘撫，既深合曾氏兄弟之意，也得廣大湘軍將士之心。

我們從這兩起人事安排中，可以看出爲了對捻作戰的勝利，朝廷在儘量籠絡曾氏兄弟；當然，也在籠絡現在的捻戰主力淮軍與李鴻章。以慈禧爲首的朝廷真可謂用心良苦。曾氏深知這點，所以『爲之喜慰』。

□兄弟屢遭詰責

原文

早飯後，將《解嘲》讀畢，此篇本平日最好者，故尤易於成誦。清理文件。見客，坐見者一次，立見者三次，圍棋二局。寫紀澤兒信一件。午刻閱《公食大夫禮》。至李眉生署內赴宴，申夫在坐，申刻歸。閱本日文件。

閱邸鈔，見御史阿凌阿劾余驕妄，雖蒙聖諭鑒原解釋，而群疑衆謗，殊無自全之道，憂灼曷已！改片稿一件，約三百餘字。凌曉南來一談。夜又改片稿一件，五百餘字。二更後，核批札各稿。三點睡，天氣暖熱，久不成寐。三更末始成寐，五更即醒。

念沅弟屢被朝旨詰責，而賊復蹂躪鄂省，久不出境，左右又無人贊助，所處殆如坐針氈。霞仙、雲仙皆見譏於清議，而余又迭被臺諫糾劾，進退兩難，展轉焦思，深嘆高位之不易居耳！（同治六年二月十三日）

評點

這一年多來，因爲捻戰不力，曾氏兄弟屢遭詰責。黎庶昌《曾國藩年譜》中說：『是歲言路劾公辦理不善者，有御史朱鎮、盧士杰、朱學篤等疏，皆奉寄諭抄發。御史穆緝香阿奏督師日久無功，請量加譴責一疏，奉上諭：「年餘以來，曾國藩所派將領馳驅東豫楚皖等省，不遺餘力，殲賊亦頗不少，雖未能遂蕆全功，亦豈貽誤軍情者可比？該御史所奏，着毋庸議。」欽此。是後，又有御史阿凌阿劾公驕妄各款，亦奉旨辨斥。公念權位所在，衆責所歸，惕然不敢安焉！』這段話，與曾氏這篇日記，說的都是同一個背景。

曾氏本人好在還有朝廷爲之保護，而老九的處境就沒有這樣好。據《曾國藩全集》所收的附錄廷寄，便有同治五年十二月初六日、十二月十五日，及同治六年正月十八日三次指責老九『調度無方』、『圍剿無力』。曾老九與捻軍的仗的確沒有打好。他的兩員大將彭毓橘、郭松林，一個戰敗爲捻軍所俘殺，一個屢戰屢敗狼狽不堪。面對如此戰局，老九心裏也很焦慮。朝廷責老九嚴待曾氏寬，除老九是前綫指揮官，責任直接外，也因老九剛愎自用，嚴參官文，得罪一部人有關。近年來，曾氏的摯友兼兒女親家郭嵩燾在廣東巡撫任上與總督毛鴻賓鬧不和，劉蓉在陝西巡撫任上也因與捻軍作仗失利，而受到清議的批評。因這場戰爭而迅速崛起的湘軍集團，在打下南京後開始走下坡路了。

『高位』既爲萬目所矚，又爲衆人所嫉，確不易居！

□百姓皆面有饑色身無完衣

原文

早飯後開船，風仍不順，扯下水纖行數里，風雨交作，不復能行，遂在此泊宿，距宿遷仍欠八九里許。辰刻，見客二次。背誦《大雅》三十一篇，旋溫《周頌》三十一篇。午刻，圍棋二局。中飯後，溫《魯頌》、《商頌》，申刻畢。自二十歲後未嘗背誦經書，老年將此經背誦一過，亦頗有溫故知新之味。

申夫來久談，論吏治以聽斷、催科、緝捕三者爲要務。傍夕，歐陽健飛來，談及民間苦況。因念余自北征以來，經行數千里，除兗州略好外，其餘目之所見，幾無一人面無饑色，無一人身有完衣。忝爲數省軍民之司命，憂愧實深。又除未破之城外，鄉間無一完整之屋，而余家修葺屋宇用費數千金，尤爲慚悚。

夜核批札稿甚多。二更後，疲乏殊甚。三點睡，甚能成寐。（同治六年二月二十日）

評點

這又是一篇令人讀之心情沉痛的日記。

曾氏這次北上剿捻，所過之處有蘇北、皖北、山東、河南等地，行程達數千里。他說除開山東兗州府一帶略好點外，餘則他眼中所看到的，幾乎沒有一人不是面有饑色、身無完衣，全是一幅缺衣少食的境況。爲什麽這一大片腹心地區的老百姓貧窮到這等地步？毫無疑問，這是長期戰爭所帶來的後果。中國近代，內憂外患，戰亂頻繁，數千年文明古國，元氣幾乎喪盡。戰爭與動亂，確乎是人類生存的大敵。其破壞性，要勝過自然災害。就在這樣一片殘局中，曾氏老家却在花費數千兩銀子修葺屋宇。這是怎麽回事呢？

原來，曾氏在同治四年五月離開南京北上後，歐陽夫人便有回老家住的想法。我們從曾氏這段時期的家書中知道，歐陽夫人不願意住原來的黃金堂老屋，因爲這個屋子八年前曾紀澤的原配賀氏難産死於此，後來屋前的水塘又淹死過人。所以，歐陽夫人想回家後在另一處地方住。但曾氏不同意起新房子。那個時候，湘軍將領們在老家買田建房已成風氣，曾氏不贊成這樣做。這是因爲一則曾氏生性儉樸，二則是他的謹慎，既擔心招人指責，也怕遭歹徒打劫。最後决定將富圫的一處舊房予以修繕，然後再全家離寧回湘居住，誰知家人没有按照曾氏的意願辦。

在四弟、九弟等人的主持下，花了七千多串錢即六千多兩銀子重新建了一處新房。這就是今天湖南雙峰縣荷葉鎮的曾氏故居富厚堂。當然，最初建成的富厚堂没有現在所看到的氣魄，南北兩座高大的藏書樓都是以後建造的，但畢竟遠比普通百姓的住宅豪華壯麗，曾氏很長時間都爲之心裏不安。這種不安的情緒可以從兩件事情上予以印证：一是曾氏從没有在這座所謂的故居里住過一天，二是他也從來没有爲這座建築題過名。

□晋升體仁閣大學士

原文

早飯後，至甘露庵禱雨。旋至莫子偲處，觀渠近年所得書。收藏頗富，内有汲古閣開化紙初印十七史，天地甚長；又有白紙初印《五禮通考》，其朱家相傳係秦文恭公手校；又有通誌堂另刻之《禮記釋文》，又有明刻《千家注杜詩》，均善本也。歸後，子偲以杜詩本見餉，嘉靖丙申玉幾山人校刻，竟莫知爲何人也。見客，坐見者三次，立見者三次。

接奉廷寄，知已晋官大學士。正值軍事棘手，大旱成灾，而反晋端揆，適以重余之不德耳。

圍棋二局。閲《觀象授時》十葉，中飯後閲畢。閲本日文件。至幕府久談。寫對聯六付、掛屏百餘字，核奏片稿，核批札稿。傍夕小睡。夜又核批札稿，二更畢。倦甚，三點睡。二更後，葉亭將進京，教訓一刻許。（同治六年五月十四日）

評點

王定安《曾文正公事略》一書中載：同治六年『五月，詔授公爲體仁閣大學士，仍留兩江總督之任』。同治元年正月，曾氏晋升協辦大學士。五年多之間，曾氏取得對太平軍作戰的勝利，又與捻軍作戰一年多，從協辦大學士升爲大學士，正是理所當然，應無异議，但曾氏本人却感到慚愧。這緣於蘇南一帶的長期乾旱。本來，老天不下雨這件事與曾氏並不相干，但按當時的理論，老天之所以這樣做，是對主政者的懲罰。主政者或德性有虧，或辦事不當，老天就或以乾旱，或以暴雨，或以地震等形式來表示它的震怒。主政者必須要以自己的虔誠來向老天認錯，並祈求老天原諒。曾氏這時正是這一地區的最高主政官，老天所要懲罰的正是他。所以，他認爲這時他不應該晋升官位。

從四月二十一日起到五月二十日，整整一個月裏，曾氏天天祈雨。四月十四日的日記，他還記録別人教他求雨之法：『李雨亭言求雨之法：親筆書南方朱雀之神、風雲雷雨之神兩牌位，黄紙朱書；又親筆書祈雨文，迎神於大堂，三跪九叩，旋即迎於净室，屏去從人，親自讀文，兩跪六叩。每日早飯兩次獨自拈香行禮，余仍照常辦公。』這天夜裏，曾氏親自寫了一篇祭文。這篇文章收在曾氏全集中，我們來抄它幾句，看一看這類文章是如何寫的：『自客歲之仲秋，歷冬春而孟夏，閲八月而不雨。嗟群生之凋謝，哀江南之黎庶，困兵燹以十霜，邑何民而不莩，野何土而不荒！』這樣的句子共有五十二句，最後結尾的兩句爲：『威神惠之孔時，終傾誠而圖報。』

□第一次面見同治帝與兩宮太后

原文

五更起，寅正一刻也。飯後趨朝。卯初二刻入景運門，至內務府朝房一坐。軍機大臣李蘭生鴻藻、沈經笙桂芬來一談。旋出迎候文博川祥、寶佩衡鋆，同入一談。旋出迎候恭親王。軍機會畢，又至東邊迎候御前大臣四人及惇王、孚王等。在九卿朝房久坐，會晤卿寺甚多。

巳正叫起，奕公山帶領余入養心殿之東間。皇上向西坐，皇太后在後黄幔之内，慈安太后在南，慈禧太后在北。余入門，跪奏稱臣曾某恭請聖安，旋免冠叩頭，奏稱臣曾某叩謝天恩。畢，起行數步，跪於墊上。

太后問：『汝在江南事都辦完了？』

對：『辦完了。』

問：『勇都撤完了？』

對：『都撤完了。』

問：『遣撤幾多勇？』

對：『撤的二萬人，留的尚有三萬。』

問：『何處人多？』

對：『安徽人多。湖南人也有些，不過數千。安徽人極多。』

問：『撤得安静？』

對：『安静。』

問：『你一路來可安静？』

對：『路上很安静。先恐有游勇滋事，却倒平安無事。』

問：『你出京多少年？』

對：『臣出京十七年了。』

問：『你帶兵多少年？』

對：『從前總是帶兵，這兩年蒙皇上恩典，在江南做官。』

問：『你從前在禮部？』

對：『臣前在禮部當差。』

問：『在部幾年？』

對：『四年。道光廿九年到禮部侍郎任，咸豐二年出京。』

問：『曾國荃是你胞弟？』

對：『是臣胞弟。』

問：『你兄弟幾個？』

對：『臣兄弟五個。有兩個在軍營死的，曾蒙皇上非常天恩。』碰頭。

問：『你從前在京，直隸的事自然知道。』

對：『直隸的事，臣也曉得些。』

問：『直隸甚是空虛，你須好好練兵。』

對：『臣的才力怕辦不好。』旋叩頭退出。

回寓，見客，坐見者六次。是日賞紫禁城騎馬，賞克食。斟酌謝恩摺件。中飯後，申初出門拜客。至恭親王、寶佩衡處久談，歸已更初矣。與仙屏等久談。二更三點睡。（同治七年十二月十四日）

評點

曾氏咸豐二年六月下旬離京南下，就任壬子科江西鄉試正主考。因奔母喪，半途改道返湘。從那以後，十七年間，他再也沒有回過住了十二年的北京。這些年裏，朝廷的格局有很大的變化。首先是咸豐帝去世，繼位的是小皇帝同治，當時衹有六歲，現在也不過十三歲。其次是掌權者乃女人，即兩宫太后。各種史料都説東太后即同治嫡母鈕祜禄氏，是一個能力不强對政事興趣不大的人。所以，掌權的女人實際上是同治生母葉赫那拉氏。按照常理，咸豐二年出京時的曾氏，衹有在咸豐元年、二年元旦時遠遠地見過慈安太后，但不可能有説話的機會。至於慈禧，那時尚未進宫，曾氏自然不可能見到。咸豐元年、二年的慈安，以皇后之尊，顯然不可能在百官拜年時留意一個從二品的外官，即使見面也如同没有見過。儘管這樣，召見的一方與被召見的一方，彼此之間一定都會有一種希望見面的强烈想法。帝后的心思，我們無從揣摸，至於曾氏，一貫謹慎，他也没有將自己當時的心緒記録在日記中。於是衹留下雙方之間簡短的問與答。然而，我們也已經很感謝了。我們可以從這簡短的實録中得知君臣之間的對話，究竟是個什麽模樣：君主問些什麽？臣子答些什麽？

估計曾氏爲了這次召見，一兩個月來準備了許多材料，但如此隆重的難得的第一天陛見，即以十四段一問一答的對話結束。問者内容簡單，語言簡單，答者同樣也是内容簡單，語言簡單。以筆者猜測，這次召見，君臣面對面的時間大概不會超過十分鐘。讓我們來較爲細緻地剖析這次陛見的談話。第一問純屬寒暄。第二問、三問、四問、五問、六問，全問的是撤勇的事，可見召見者對勇丁裁撤的重視。第七問、八問、九問、十問，則是無話找話，可有可無的閑聊天。第十一問、十二問，意在表明召見者對曾氏家族的關愛。傳遞的是一種君恩，故而曾氏以碰頭來表示領受。第十三問、十四問，點到了陛見的實質：爲何調曾氏爲直督，朝廷希望曾氏在直隸主要做什麽。

靠着這篇日記，我們還窺視到曾氏進入大内之後，到陛見之前，還經歷了哪些禮節或程序。

曾氏進大内是在内務府朝房裏休息。然後，軍機大臣中地位較低一點的李鴻藻、沈桂芬先來拜見。第二撥來見的資格老一點的文祥與寶鋆，曾氏則出門迎接這兩個人。然後再出門迎接軍機處領班大臣恭王奕訢。與軍機處這幾個大臣會見完畢後，又迎接御前大臣及同治帝的兩個親叔叔惇王奕誴、孚王奕譓。再然後在部級官員們的休息室裏會見各位等候召見的卿寺。最後，由咸豐帝的堂兄鎮國將軍奕山帶領，進入養心殿面見皇帝及兩宫太后。

□再次被召見

原文

黎明起。早飯後寫昨日日記。

辰初三刻趨朝。在朝房晤舊友甚多。巳正叫起，六額附帶領入養心殿。余入東間門即叩頭，奏稱臣曾某叩謝天恩。起行數步，跪於墊上。

皇太后問：『你造了幾個輪船？』

對：『造了一個，第二個現在方造，未畢。』

問：『有洋匠否？』

對：『洋匠不過六七個，中國匠人甚多。』

問：『洋匠是那國的？』

對：『法國的，英國也有。』

問：『你的病好了？』

對：『好了些。前年在周家口很病，去年七、八月便好些。』

問：『你吃藥不？』

對：『也曾吃藥。』

退出。散朝歸寓。見客，坐見者六次，中飯後又見二次。出門，至東城拜瑞芝生、沈經笙，不遇。至東城拜黃恕皆、馬雨農，一談。拜倭艮峰相國，久談。拜文博川，不遇。燈初歸。夜與曹鏡初、許仙屏等久談。二更後略清理零事。疲乏殊甚，三點睡，不甚成寐。（同治七年十二月十五日）

評點

第二天一早，曾氏又進宮接受帝后的召見。這次的召見爲時更短，所問的話更簡單，僅祇寥寥五

句：兩句問病情，三句問洋務。洋務也祇涉及輪船及造輪船的外國專家。這裏所説的皇太后，毫無疑問指的是慈禧。慈禧爲什麼祇問了這麼幾句話，便匆匆結束？以筆者揣測，或許慈禧於洋務所知甚少，她想不出要問哪些話；或許她今天召見的重點不在曾氏，而是別人。

今天雖是陛見之日，却因此給曾氏留下很多時間，他於是可以在寓所見了八次來訪者，又出門去拜訪瑞常、沈桂芬等人。晚上，在寓所又與老朋友曹鏡初、許仙屏談了很久的話，估計曹、許二人在其寓所已等候大半天了。這樣高密度的應酬安排，自然使得曾氏『疲乏殊甚』。評點到這裏，筆者經不住感嘆：大官員們真累真苦！

□第三次被召見

原文

黎明起。早飯後，寫昨日日記。

辰正趨朝。巳正叫起，僧王之子伯王帶領入見。進門即跪墊上。

皇太后問：『你此次來，帶將官否？』

對：『帶了一個。』

問：『叫甚麼名字？』

對：『叫王慶衍。』

問：『他是什麼官？』

對：『記名提督，他是鮑超的部將。』

問：『你這些年見得好將多否？』

對：『好將倒也不少，多隆阿就是極好的，有勇有謀，此人可惜了。鮑超也很好，勇多謀少。塔齊布甚好，死得太早。羅澤南是好的，楊岳斌也好。目下的將材就要算劉銘傳、劉松山。』

每說一名，伯王在旁迭說一次。太后問水師的將。

對：『水師現在無良將。長江提督黃翼昇、江蘇提督李朝斌俱尚可用，但是二等人才。』

問：『楊岳斌他是水師的將，陸路何如？』

對：『楊岳斌長於水師，陸路調度差些。』

問：『鮑超的病好了不？他現在那裏？』

對：『聽說病好些。他在四川夔州府住。』

問：『鮑超的舊部撤了否？』

對：『全撤了。本存八九千人，今年四月撤了五千，八、九月間臣調直隸時，恐怕滋事，又將此四千全行撤了。皇上如要用鮑超，尚可再招得的。』

問：『你幾時到任？』

對：『臣離京多年，擬在京過年，朝賀元旦，正月再行到任。』

問：『直隸空虛，地方是要緊的，你須好好練兵。吏治也極廢弛，你須認真整頓。』

對：『臣也知直隸要緊，天津海口尤爲要緊。如今外國雖和好，也是要防備的。臣要去時總是先講練兵，吏治也該整頓，但是臣的精力現在不好，不能多說話，不能多見屬員。這兩年在江南見屬員太少，臣心甚是抱愧。』屬員二字，太后未聽清，令伯王再問，余答：『見文武官員即是屬員。』

太后說：『你實心實意去辦。』

伯王又幫太后說：『直隸現無軍務，去辦必好。』

太后又說：『有好將儘管往這裏調。』

余對：『遵旨，竭力去辦，但恐怕辦不好。』

太后說：『盡心竭力，沒有辦不好的。』

又問：『你此次走了多少日？』

對：『十一月初四起行，走了四十日。』

退出。散朝歸寓。中飯前後共見客（坐見者）七次，沈經笙坐最久。未正二刻，出城拜李蘭生，歸寓已燈初矣。飯後與仙屏諸君一談。旋寫日記。二更三點睡。（同治七年十二月十六日）

評點

今天是第三次被召見，談話的內容較前兩次爲多，也更顯得具有實質性。我們來看看慈禧究竟對曾氏說些什麼重要的話。

首先，慈禧關心的是曾氏手下現在還有無好將領。其次，在慈禧的心目中，曾氏手下的好將官有楊岳斌、鮑超兩員，但楊長於水路，鮑則生病。慈禧想瞭解楊的陸路指揮能力與鮑的身體狀況。第三，慈禧想知道鮑的舊部情況。第四，慈禧明確告訴曾氏，直隸有兩大問題需要他去辦理：一是練軍，二是整頓吏治，並勉勵曾氏努力去辦。

從對話中可以看出，慈禧對曾氏十分優待。這體現在兩個方面：一是不限定曾氏到直隸的報到時間，讓他自己定；二是對曾氏充分的相信與倚重。這一次的召見，問者與答者的話都多了一些，可能是彼此之間見面次數多了，相互都有數了，說話放開些了；也可能是早就安排好的：頭兩次以問候爲主，重要的話放到最後一次去說。

其實，就曾氏陛見的談話內容來看，一次見面就足够了，何必要分成三次，令曾氏連續三天都在爲進宮而忙碌呢？這不是瞎折騰嗎？不是的。分成三次召見，有更重要的意義在裏面，那就是顯示朝廷對曾氏的禮遇與重視。

朝廷與外臣陛見的禮遇與重視的程度如何，是需要用外在的形式來體現的。一般來說，主要有這麽幾點：一是皇上召見的快與慢，二是召見後的賞賜，三是召見的次數。曾氏進京的第二天即蒙召見。這是快。第一次召見後即賞曾氏紫禁城騎馬，賞曾氏以食品。這是賞賜的優厚。需要說明的是，賞紫禁城騎馬，是對立功外臣的很高待遇，但這個待遇並非真的就可以在大內騎馬（大內是不允許任何人騎馬的），衹是賞一根馬鞭而已。連續三天三次召見，體現的是次數多。朝廷便是用這樣一些繁瑣的形式，來體現對曾氏格外的皇恩優渥。

□禮儀性地去內閣與翰林院上班

原文

黎明早飯後，寫紀澤兒信，並添寫馬穀山等信，交金陵摺弁帶去。又發澄、沅兩弟信。見客七次。

午初出門，至內閣到大學士任。先至誥敕房更衣，在公案一坐，次至滿本房公案一坐，次至大堂一坐。橫列六案：滿，東三案，漢，西三案。余在西之第一案一坐，畫稿兩件。侍讀、中書等數十人來三揖，余答揖。回憶丁未六月在此堂到內閣學士之任，今已廿二年矣。

旋至翰林院到任。先在典簿廳更衣，次至大堂一坐，次至聖廟行禮，次至典簿廳更衣，次至昌黎廟行禮，次至清秘堂一坐。學士、編、檢等以次來三揖，余答揖後回寓。

中飯後，未正二刻又出門，拜客四家，皆會。文博川處談頗久，歸已更初矣。與曉岱等一談。二更三點睡，三更後成寐。（同治七年十二月十八日）

評點

同治元年曾氏即晉升協辦大學士，同治六年晉升爲體仁閣大學士，同治七年又授爲武英殿大學士（在大學士的排名位次上前移一步）。但這些對曾氏來說都是加銜，他的實際職務一直是兩江總督，他未到內閣大學士位上辦過一天公。不過，內閣他是去過的。道光二十七年，三十七歲的曾氏突然間連升四級，一下子做了內閣學士兼禮部侍郎銜。那時，他的辦公地點應該就在內閣。二十二年間，他在內閣的地位，由學士升到大學士。今天，趁着來京陛見的機會，到內閣各處坐一坐，又在大堂武英殿大學士的案几邊坐一坐，簽發兩個文件，與下屬們見見面，這就可以叫做正式在內閣大學士任上辦過公了。

從內閣走出後又來到翰林院。翰林院對於曾氏來說，是再熟悉不過的地方了。曾氏從道光二十年初到達北京，直到道光二十七年，整整七年的時間，曾氏一直是翰林院的官員。作爲一個做出一番實事的書生，曾氏此刻的心情應該是欣慰的。他也到翰苑中的各處看一看，坐一坐，到聖廟向孔夫子、到昌黎廟向韓愈行禮致敬，接受翰林院晚輩們的拜見。

翰林院是一個儲才養望之地，從這裏走出去，日後做封疆大吏，做部院大臣，乃至做大學士，都是常事，唯獨自組軍隊、平叛安邦的事情不常有。曾氏能做成一個這樣的人物，除開時代的造就外，個人的因素也是很重要的。正是翰林院里長達七年的刻苦修煉，爲他日後的大業打下堅實的人格基礎。

□看望塔齊布之母

原文

黎明早飯後清理文件，旋見客三次。出門拜客十餘家，會晤者王蔭堂、全小汀、崇文山。又至塔軍門家，直延入上房，具酒相待。其母八十歲，相對涕泣。其弟咸豐四年已死，其次弟本年八月十三日死，其兩弟婦寡居，並出拜見。三兄弟皆無子，僅塔軍門一女，次弟阿陵布四女。親房無可承繼之人，實爲可慘。其妹其女並出拜見，泣求提拔其婿等。

未正歸。中飯後會客三次。申正再出，拜沈經笙，燈初歸。陳仲鸞來久談。旋與吳摯甫久談。二更後小睡。三點睡。（同治七年十二月十九日）

評點

曾氏停留在京師的日子裏，抽空去看望了不少舊時友人，也去拜訪了眼下的一些權要，但都衹是在日記中提一下而已，並未有再多的記載，唯獨從塔齊布家中回來後，寫下較多的觀感。這是出自於兩方面的原因：一是對塔齊布的追念，一是對其身後蕭條的悵撫。

咸豐二年底，曾氏就任湖南團練大臣，開始籌建一支新的武裝力量。這時，塔齊布以綠營升用游擊署理中軍參將的身份管理辰勇軍務。求才心切的曾氏很留心考察各路將弁，他看中了塔齊布。咸豐三年六月，曾氏爲塔齊布上保薦摺，稱塔『忠勇奮發，習勞耐苦，深得兵心』，希望能得到朝廷的『破格超擢』，並以塔齊布今後如『有臨陣退縮之事，即將微臣一並治罪』的態度，來表示自己推舉的誠懇與堅執。塔因此加副將銜。次年，曾氏又保薦塔爲湖南提督。塔因此而成爲湘軍陸師的統帥。在湘軍早期的軍事活動中，塔是立下大功的重要將領。但可惜，塔不得永年。咸豐五年因屢攻九江不克而嘔血病死，年僅三十九歲。曾氏很傷痛，親撰挽聯：『大勇却慈祥，論古略同曹武惠；至誠相許與，有章曾薦郭汾陽。』將塔比作古之名將曹彬、郭子儀。

塔不僅在軍事上是曾氏的得力助手，還在政治上幫了曾氏的大忙。出於嚴重的種族防患，面對曾氏籌建的這一支純漢人組成的水陸全備的軍隊，滿洲皇室心存顧慮。據王闓運《湘軍志》所説，咸豐帝擬調滿人貴州提督布克慎來掌管湘軍水師，再調滿人湖廣總督臺涌來黄州指揮布克慎留下的部隊。衹是因爲臺涌抽不出身，布克慎則無法來湖南，咸豐帝的方案一時不能兑現。塔齊布身爲滿人，他以湖南提督的身份掌管湘軍陸師，這讓朝廷感到放心，於是也就打消了再派滿人來管水師的想法。對於曾氏來說，關係極大。

正是帶着這份戰友情誼，曾氏特爲去看望仍健在的塔之老母，却不料塔家眼下竟是如此蕭索。塔家的蕭索，並不在於銀錢上的匱乏，而是人員上的寥落，準確地說是男人的缺乏。從這篇日記中可以看出，塔家子侄輩中已無男丁。在男性主宰一切的中國封建社會，一個家庭，竟然全是寡婦弱女，這是很令人傷痛的事！

□看望穆彰阿後人

原文

黎明早飯後見客二次。出門至景運門，是日會奏，議復修約事宜一摺，巳正二刻散。

至穆帥相舊宅，見其七世兄薩善、九世兄薩廉，不勝盛衰今昔之感。又拜客數家，午正歸。中飯後見客二次。未正至陳小舫家赴宴，渠與單地山、賀雲湖、彭畏之四人公請也，酉初散，歸。夜與鄧良甫一談。倦甚，小睡。二更三點睡。（同治七年十二月二十八日）

評點

曾氏在北京看望故舊友朋，在日記裏多記幾筆的，除塔齊布之外，便是穆彰阿。穆彰阿嘉慶十年中進士入翰苑，自那以後，四十多年間，仕途順利，官運亨通。道光十八年曾氏考中進士那年，穆彰阿以文華殿大學士的身份兼任會試總裁。可以說，穆是曾氏的大恩師。

《清史稿》本傳中說穆不僅身居高位，更三典鄉試、五典會試，凡復試、殿試朝考、大考翰詹等，無歲不與衡文，『門生故吏遍於中外，知名之士多被援引，一時號爲「穆黨」』。曾氏是穆所録取的，從早期的日記可看出，曾氏與穆有往來。不少論者認爲，曾氏官運順暢，與穆的着意提携大有關係，曾是穆黨中的重要成員。但是，一旦咸豐帝上臺，穆却倒了大霉。咸豐帝做皇子時便很厭惡穆的爲人，登基不久，便下詔數列其罪。詔書說穆『保位貪權，妨賢病國。小忠小信，陰柔以售其奸；僞學僞才，揣摩以逢主意』，話説得很嚴苛，本應從嚴處置，念其爲三朝舊臣，『從寬革職，永不叙用』。咸豐六年，穆以七十五歲高齡去世。

穆彰阿風光四十五年，也算是不容易了，但終於没有逃脱宦海波濤的吞噬，又堪稱可悲。曾氏是否穆黨中的重要成員，暫且不論。他內心裏感激穆，在道光二十年至咸豐元年這十來年的時間裏，與穆有較多的往來，這無疑是一定的。正因爲此，不忘舊情的曾氏，趁這難得的機會前往穆府，看望穆的後人。

穆家的現狀如何，日記中雖未記述，但從一句『不勝盛衰今昔之感』，可知這十多年來，穆家已衰落得很厲害了。官場中的人，其命運與官運聯係之緊密，可見一斑。好在穆家還是後繼有人。就是這個『九世兄』薩廉，在光緒五年中進士點翰林，後來做到禮部侍郎，算是重振了家風。不過，這件事情背後的原因也説不清，不知是薩廉在家道中落後卧薪嘗膽發奮圖强憑真本事翻身呢，還是後來慈禧等人覺得當年咸豐帝對穆處置不公而有意彌補？

□向同治皇帝拜年

原文

寅初一刻起，飯後趨朝。卯初一刻至景運門，旋過隆宗門，捧慶賀皇太后表文，進至慈寧門之東階案上，內監接入。同事者閣學宋晉從內閣捧表，禮侍溫葆深、李鴻藻前引也。旋在工部朝房等候。辰初，隨同皇上行慶賀皇太后禮。皇上在慈寧門行禮，一、二品大臣在長信門外行禮。禮畢，至太和殿。辰正皇上升殿受賀。余與朱同軒相國在殿門正中閾外展表，太常寺司官宣讀表文。皇上退，余與有差諸大臣補行三跪九叩禮。

巳初散朝，歸寓。與吳摯甫等一談，會客二次。中飯，請幕府小宴。下半日倦甚，屢次小睡。夜溫《左傳·襄公》十二葉。旋又小睡，蓋連日辛苦，而昨夕未能成寐，故困甚也。二更三點睡。四更末醒，旋又成寐。在近日極爲佳眠矣。

接紀澤稟，知內人目疾日劇，殊以爲慮。丸藥方至三十四味之多，亦決非良方耳。（同治八年正月初一日）

評點

曾氏的這次陛見正遇上辭舊迎新的時候，他得以再次參加朝廷的拜年活動。這次活動實際上已經從昨天即同治七年的除夕便開始了。昨天一早，曾氏便趨朝感謝皇家的荷包之賞。這些年曾氏帶兵在外，也常常會在年底接到朝廷頒發的『福』字『壽』字及荷包的賞賜。不同的是，以往通過驛遞，這次是親領。上午九時，同治小皇帝坐轎由乾清宮到保和殿，在這裏宴請諸王與文武大臣。這應該算是皇家對近臣的年關慰勞。

今天凌晨三點多鐘曾氏便起床，吃完早飯後進宮。五點多來到景運門，經過隆宗門，手捧向兩宮太后賀年的表文，來到慈寧門東階的几案邊，內宮太監接過。內閣學士宋晉從內閣捧慶賀表文出來，由禮部侍郎溫葆深、李鴻藻在前面導引。衆人都在工部朝房（即接待室）等候。七點鐘時，跟隨在皇帝的後面向兩宮太后行禮。皇帝在慈寧門行禮，一品、二品大臣則在長信門外行禮。皇太后們並未出門，以遞進表文及在門外行禮的儀式表示皇上率大臣們向太后拜年了。

拜完太后之後，即在太和殿向皇上拜年。皇帝出席，曾氏與體仁閣大學士朱鳳標（字同軒）在太和殿中門外展開賀表，太常寺的一位司官宣讀表文。表文讀畢，皇帝退席，曾氏帶領衆大臣行三跪九叩禮。十點鐘時，整個向皇家拜年的儀式結束。比起咸豐元年大年初一的拜年來要簡單多了，程序也少多了。但回到寓所後，曾氏並沒有時間休息，又要跟人談話，又要會客，中午還要宴請幕僚們。到了下午，曾氏已覺得很累很累了。

大官員們有其風光的一面，也有其辛苦的一面。世人多看到他們風光的一面，忽視他們辛苦的一面。除開辛苦之外，他們還有風險的一面。多想想他們的辛苦與風險，對官場的趨騖之心會減少許多。

□陪侍同治帝宴請外藩

原文

早飯後，卯正二刻上轎趨朝。皇上定於辰初二刻入座，筵宴外藩。余起行太晏，因由順成門進西長安門。余步行三里至保和殿，甫到半刻，皇上已升殿矣。

此宴係賜蒙古、高麗各藩，而大學士尚書之入座者，不過陪侍之意，故賜奶茶、賜酒皆僅及外藩王，而大臣不與焉。余於道光廿六年曾以講官在正大光明殿侍班，與於此宴，分隔廿四年矣。辰正三刻宴畢，散朝。

歸，清理文件。作應調人員清單，至申正始畢。至湖廣館赴宴，應張竹汀等六人之招也，燈後散席。歸，夜寫信與朱修伯商事，核別敬單。二更三點睡。（同治八年正月十五日）

評點

今天是元宵佳節，由皇帝出面宴請蒙古、朝鮮等藩屬國，請大學士、尚書陪同。藩屬國的代表可以享受皇帝所賜的奶茶及酒，而陪同的大學士、尚書則没有。曾氏想起道光二十六年，他以日講起注官的身份在正大光明殿當班時，曾參與過這種盛會。一晃二十多年過去，當年的軒昂青年已被歲月摧折成衰朽殘年了。

這頓飯從辰初二刻即上午七點半開始，到辰正三刻即八點四十五分結束，歷時一個小時多一點。

從我們今天的就餐習慣來看，這是一頓早飯，而且用餐時間短。看來，這頓飯吃的是形式，借吃飯這樁頭等大事來傳達朝廷對藩屬國的禮遇和關心。世上有許多有形式而無内容，或者形式大内容小的事情，也不能説這都是毫無意義的。有的時候，有没有這種形式是大有區别的。就拿宴請外藩來説，一年到頭皇帝親見外藩代表的次數應該是很少的，倘若不借過年的機會設宴見見面，就幾無相見的可能了。那麽，大清國與藩屬國的親密關係從何體現呢？

日記結尾有一句話：『核別敬單。』雖衹短短四個字，却是一件實打實的大事。外官尤其是握有實權的總督、巡撫、布政使等官員進京陛見或辦公事，與之能套上關係的京官會輪番請他吃飯，以示親熱，其實更主要的目的，是向外官討銀子。這是他們收入中的一大項目。外官也識相，在離開京師時會給他們以銀子。這種銀子就叫別敬。此種做法，爲大家所默許，成爲官場的潛規則，任你是何等清廉的官員都不能免俗，故而當時有的手頭不闊綽的外官，不是萬不得已，是不輕易進京的。

曾氏是一個廉潔而儉樸的人，但他既然進京，便也不能特殊。我們看他這年正月二十二日寫給兒子的家信：『正月燈節以前惟初三、五無宴席，余皆赴人之召，然每日僅吃一家，有重復者輒辭謝，不似李、馬二公日或赴宴四五處。蓋在京之日較久，又輩行較老，請者較少也。軍機處及弘德殿諸公頗有相敬之意，較去冬初到時似加親厚，九列中亦無違言。然余生平最怕以勢利相接，以機心相貿，決計不作京官，亦不願久作直督。』我們從這段話裏可以窺視出當時官場的風氣。不僅京師的官不好做，就連靠近京師的直隸的官也不好做。

那麽，曾氏離開京城時，會送多少別敬呢？也就在這封信裏，他告訴兒子：『余送別敬壹萬四千餘金，三江兩湖五省全送，但亦厚耳。』曾氏準備送壹萬四千兩銀子，所有籍隸三江即江蘇、安徽、江西與兩湖即湖南、湖北的京官都送，以視同等對待。當然，並不是平均分配，其中亦有厚薄之分。三江是曾氏爲官之處，湖南是他的老家。湖北爲什麼要送？這是因爲湖北與湖南歷史上長期是一個省，衹是到雍正二年纔分開，兩湖人過去常稱大同鄉，即源於此。再加之曾氏曾做過七天的湖北巡撫，老九做過近兩年的湖北巡撫。這樣一來，銀子自然不少。

這筆龐大的銀子從何處來呢？從兩江總督衙門中的小金庫裏來。小金庫裏的銀子又來自何方呢？來於『緝私』，即來於對不法商人的罰款。罰的款没有入國庫，用於主管官員的公關支出。這便是古往今來官場的公開秘密。曾氏是個自愛的人，他没有將小金庫的銀子挪作私人財産；至於不自愛的官員要把它轉化爲私産，那自然也就是一句話的事。所以，就會有許多做大官的擁有金山銀山，而從法律層面來説，他並没有貪污，他還可以説是清官。

□參與朝廷大宴

原文

早飯後清理文件。辰正二刻起行趨朝。是日廷臣宴。午正入乾清門内，由甬道至月臺，用布幔帳臺之南，即作戲臺之出入門。先在階下東西排立，倭艮峰相國在殿上演禮一回。

午正二刻皇上出，奏樂，升寶座。太監引大臣入左、右門。東邊四席，西向。倭相首座，二座文祥，三座寶鋆，四座全慶，五座載齡，六座存誠，七座崇綸，皆滿尚書也。西邊四席，東向。余列首座，朱相次之，三座單懋謙，四座羅惇衍，五座萬青藜，六座董恂，七座譚廷襄，皆漢尚書也。桌高尺許，升墊叩首，旋即盤坐。每桌前有四高裝碗，如五供之狀，後八碗亦雞、鴨、魚、肉、燕菜、海參、方餑、山查糕之類。每人飯一碗，雜膾一碗，内有荷包蛋及粉條等。唱戲三出，皇上及大臣各吃飯菜。旋將前席撤去，皇上前之菜及高裝碗，太監八人輪流撤出。大臣前之菜，兩人抬出。一桌抬畢，另進一桌。皇上前之碟不計其數。大臣前，每桌果碟五、菜碟十。

重奏樂，倭相起，衆皆起立。倭相脱外褂，拿酒送爵於皇上前，退至殿中叩首，衆皆叩首。倭相又登御座之右，跪領賜爵，退至殿中跪。太監易爵，另進杯酒，倭相小飲，叩首，衆大臣皆叩首。旋各賜酒一杯。又唱戲三出。各賜奶茶一碗，各賜湯元一碗，各賜山茶飲一碗。每賜，皆就墊上叩首，旋將賞物抬於殿外，各起出，至殿外謝宴、謝賞，一跪三叩，依舊排立。東、西階下。皇上退，奏樂。蒙賞如意一柄、瓷瓶一個、蟒袍一件、鼻烟一瓶、江綢袍褂料二付。各尚書之賞同一例也。

歸寓已申刻矣。中飯後，見客二次。寫對聯十付。剃頭一次。坐見之客二次。朱修伯來久坐。二更三點睡。（同治八年正月十六日）

評點

感謝曾氏的詳細記録，讓我們得以知道一百四十多年前，清朝廷年節宴請大臣的大致情形。

宴請的人爲大學士與各部尚書。因爲禮儀繁多，宴會開始之前，由倭仁帶領各位大員先演習一番。中午十二點半鐘，皇帝在音樂聲中登座，然後太監將大臣們從左右兩前門中引進。參加宴會的大員們分爲滿漢兩列。滿人坐東面西，由文華殿大學士倭仁領頭。漢人坐西面東，由武英殿大學士曾國藩領頭。每人面前擺着一個尺許高的小桌子，人盤坐在墊子上。桌子上擺的東西分前後兩排。前排爲四個高脚碗，後排爲八只碗，内裝鷄、鴨、魚、肉、燕窩、海參、餑餑、山楂糕等物。這些東西，在今人看來屬於普通，在當時可能亦非珍稀，衹是因爲出於皇家而顯得珍貴。除開這些外，每人前面有一碗飯，一碗雜燴，雜燴裏有荷包蛋及粉條，在邊看戲的過程中邊吃飯。

筆者讀到這裏，心裏有一個想法，以爲當時這些大臣們吃東西時，很可能吃的就是這碗飯及這碗雜燴，其他的菜並未動筷子。爲什麼？因爲一則他們不餓，二則前面的八大碗他們見多了，三則他們都很講禮儀，很拘謹，若吃八大碗裏的菜便顯得動作過大，不太文雅。製筵者也知道，故而安排一碗飯一碗雜燴，這兩碗纔是真正讓他們吃的。正如筆者在前面宴請外藩一則中所説的，吃的是形式而不是内容。

接下來將先擺出的這些菜全部撤走，每人前面再抬進一個小桌子，上面有五個盛水果的碟子，有十個盛菜的碟子。重新再奏樂，這時倭仁起身，衆人也跟着都站起。倭仁脱去外褂，拿着酒爵來到皇帝面前，然後退回至殿中磕頭，衆人跟着磕頭。這個儀式表示的是各位大臣向皇帝敬酒。曾氏的日記中並没有寫皇帝是否飲酒，估計可能没有飲，因爲皇帝此時纔十三歲多，未成年。大家都磕完頭後，倭仁再次來到皇帝面前，從太監手中接過酒杯。倭仁小小地喝了一口，又磕頭。這時，各位大臣都領到一杯酒，一碗奶茶，一碗湯圓，一碗山茶飲。這個儀式表示的應是皇帝的答謝。宴會進行到這一步，算是結束了。

最後一個節目是領賞。曾氏領到的賞物是如意一柄、瓷瓶一個、蟒袍一件、鼻烟壺一瓶、江蘇産的綢料兩幅。當着皇帝的面所賞賜的這些東西，無疑是真正的貢品：材質精美，做工精良，哪一件傳到今天，都是價值不菲的珍品。曾氏自然會將這些東西上心保管的。可惜，時隔一百多年，再加之世事變化的劇烈，如今的所謂曾氏故居，竟然連這些珍品的影子都見不到，實在令人嘆息。

□第四次陛見

原文

早飯後，辰初二刻趨朝。是日請訓，遞封奏一件也。在朝房久坐。午初召見。

皇太后問：『爾定於何日起身出京？』

對：『定廿日起身出京。』

問：『爾到直隸辦何事爲急？』

對：『臣遵旨，以練兵爲先，其次整頓吏治。』

問：『你打算練二萬兵？』

對：『臣擬練二萬人。』

問：『還是兵多些？勇多些？』

對：『現尚未定。大約勇多於兵。』

問：『劉銘傳之勇，現扎何處？』

對：『扎在山東境内張秋地方。他那一軍有一萬一千餘人，此外尚須練一萬人，或就直隸之六軍增練，或另募北勇練之。俟臣到任後察看，再行奏明辦理。』

問：『直隸地方也不乾净，聞尚有些伏莽。』

對：『直隸、山東交界，本有梟匪，又加降捻游匪，處處皆有伏莽，總須練兵乃彈壓得住。』

問：『洋人的事也是要防。』

對：『天津、海口是要設防的，此外上海、廣東各口都甚要緊，不可不防。』

問：『近來外省督撫也說及防海的事否？』

對：『近來因長毛、捻子鬧了多年，就把洋人的事都看鬆些。』

問：『這是一件大事，總擱下未辦。』

對：『這是第一件大事，不定那一天他就翻了。兵是必要練的，那怕一百年不開仗，也須練兵防備他。』

問：『他多少國連成一氣，是一個緊的。』

對：『我若與他開釁，他便數十國聯成一氣。兵雖練得好，却斷不可先開釁。講和也要認真，練兵也要認真。講和是要件件與他磨。二事不可偏廢，都要細心的辦。』

問：『也就靠你們替我辦一辦。』

對：『臣盡心盡力去辦，凡有所知，隨時奏明請示。』

問：『直隸吏治也疲玩久了，你自然也都曉得。』

對：『一路打聽到京，又問人，也就曉得些。屬員全無畏憚，臣到任後，不能不多參幾人。』

問：『百姓也苦得很。』

對：『百姓也甚苦，年歲也不好。』

問：『你要的幾個人是跟你久了的？』

對：『也跟隨臣多年。』

太后顧帶見之惠郡王云：『叫他就跪安。』

余起身走數步，復跪奏云：『臣曾某跪請聖安。』

是日太后所問及余所奏，皆初七公摺及本日摺中事也。

退朝，拜客數家，沈經笙、黃恕皆處談頗久，歸寓已申初矣。飯後，見客數次。寫對聯二付。夜與仙屏核別敬單。二更後，張竹汀等來一談。三點睡。（同治八年正月十七日）

評點

曾氏此番進京，連同這一次，一共陛見四次，數這一次談話的內容最多，也最具實質性。慈禧與曾氏對話的要點爲：一是練兵。練二萬人，其中勇居多，以劉銘傳的淮勇爲主力。二是安定直隸地方秩序，肅清反朝廷的殘餘勢力。三是對付洋人。把兵練好，但不能先挑動戰爭。四是整頓直隸吏治。曾氏向慈禧匯報，準備嚴參一批玩忽職守的官員。值得注意的是，慈禧也提到『百姓也苦得很』的話題。看來，最高統治者也並非對民情一無所知。當然，知道是一回事，下決心去改善民生又是一回事。

日記中說：『是日太后所問及余所奏，皆初七日公摺及本日摺中事也。』曾氏本日所上的奏摺，在上午十一點鐘開始的召見之前，慈禧便已看過，且一一記住，並樣樣照準。這一細節，可以向我們傳遞諸多信息：一、當時朝廷辦事效率高；二、慈禧處理政務能力強；三、對曾氏高度重視。慈禧問曾氏的最後一句話是『你要的幾個人是跟你久了的』。這『幾個人』見之於當日奏摺的附單中，分別爲：布政使銜分發補用道錢鼎銘，二品銜簡用道陳鼐，安徽無爲州知州、署和州知州游智開，安徽候補知府李興鋭，浙江補用直隸州趙烈文，五品銜江蘇補用知縣方宗誠，知府銜江蘇前署溧陽縣知縣金如瀾，刑部員外郎陳蘭彬。對這八個人，朝廷當天便同意曾氏的請求，並專門下達上諭，按他們現在的品級，分别予以道員、知州、知府等要職。對人員任命這樣的大事，辦得如此乾脆快捷，爲歷朝歷代所不可多見。

□擬州縣官廳楹聯

原文

早飯後，清理文件。辰正見客。補見提鎮各武職一起，補見同通州縣二起，見實缺教官一起，見佐雜十四起。每起十人，末起八人。前四起坐見，佐雜立見，直至午正方畢，殊以爲苦。中飯後，至蓮花池射圃各處游覽。在藻泳樓與摯甫、廉甫談甚久，申正方歸。閱《柈湖十子詩》。

旋以昨夜所撰之聯不愜於心，改作一聯，云：『念三輔新離水旱兵戈，賴良吏力謀休息；願群寮共學龔黄召杜，即長官借免愆尤。』沉吟良久，至夜方定。又與摯甫等久談。向來作聯作詩，每每苦吟不輟，蓋由才思遲鈍之故，亦過於愛好也。睡後仍反復思之，纏繞不休，以致不得酣眠。次早初起，又作一聯，云：『隨時以法言巽語相規，爲諸君導迎善氣；斯民當火熱水深之後，賴良吏默挽天心。』旋又另改矣。（同治八年正月二十九日）

評點

曾氏同治八年正月二十日離京南下赴保定，就任直隸總督之職。沿途視察永定河工，二十七日抵達保定省城。第二天即接見全省州縣以上主管官員，分爲十一班，一班十人，共一百一十人。從上午八點鐘開始，一直到十一點半鐘纔結束。接下來，前任直督、東南戰場上的老同盟者官文又來叙談。一個上午弄得疲倦至極。下午，又有人來談話，還剃頭一次，又讀别人送來的詩集。夜裏，又有人來久談，直到二更纔離去。客人走後，又忙着寫這一天的流水賬日記，清理各種雜件，直到半夜纔上床。一天忙到這等地步，曾氏還躺在床上爲直隸的州縣官大堂想楹聯。聯云：『長吏多從耕田鑿井而來，視民事須如家事；吾曹同講補過盡忠之道，凛心箴即是官箴。』楹聯擬好後，又反復吟誦，很久不能入睡。

第二天，也就是寫這篇日記的這一天，曾氏又會見州縣官、實缺教官、幕僚勤雜人員十七起，一百多人。就在如此辛苦之際，曾氏仍念念不忘昨夜擬的爲州縣官廳所作的楹聯，覺得不甚滿意，遂加以修改。又過一天，即正月三十日一大早，曾氏再次修改楹聯。一副官廳楹聯，翰林出身的曾氏居然一而再、再而三地爲之耗費心血，且修改並非祇改動個别字，而是重新擬定。其所撰三副都很好，都可單獨存在。

曾氏用心如此良苦，可以讓我們從中獲取兩點信息：一是他對懸掛在州縣官廳的楹聯十分看重，他擬借此傳達他對基層官員要關心民瘼、與民休息、盡忠盡諫、勤於政事的期盼。這是他面對直隸吏治的腐敗，所做出的第一個部署。二是他對製聯一事的看重。曾氏一生喜製聯，戰爭年代，即便身處軍書傍午、性命攸關之境仍製聯不止。來到直隸上任伊始，直可謂千頭萬緒，且已進入晚年，孱弱多病，還要如此耗費心血來做這種完全可以交給幕僚們去做的事，没有别的原因，乃『亦過於愛好也』。正是因爲這份相伴終生的愛好，曾氏一生創作不少佳聯。南懷瑾先生曾説過這樣的話，清代的聯語成就可與唐詩、宋詞、元曲比美，其代表人物爲曾國藩、左宗棠。南氏這番話若爲世所公認的話，曾氏憑這一點亦可成爲文學史上的不朽人物。

□赴津前爲二子寫遺囑

原文

早飯後清理文件。見客一次。出門拜客，藩臬晤談頗久，方存之來一談。午刻，黄靜軒來，久談。改信稿一件。中飯後閲本日文件。

將赴天津，恐有不測，擬寫數條以示二子。未、申間，寫二三百字。剃頭一次。小睡頗久。酉刻與葉亭一談。夜又寫四五百字，有似於遺令者。二更四點睡。（同治九年六月初三日）

評點

同治九年二月，曾氏右目失明，四月又得眩暈之病，晨起昏暈欲絶，於是在四月二十一日向朝廷請假一個月，以便養病。五月二十二日，因病未有起色，又續請病假一個月。就在曾氏養病保定之時，天津發生了一場老百姓與洋人之間的大衝突。這便是近代史上有名的天津教案。

因久旱無雨、莊稼不收，天津一帶久已民心浮動，加之法國教堂所辦的育嬰堂病死小孩很多，盛傳法人教堂以迷魂藥勾引小孩入教堂，然後將小孩剖腹取心，以作藥丸。津郡人心恐慌，對法國人仇恨至極。五月二十三日，民衆聚集教堂，强烈抗議。法國領事豐大業要求三口通商大臣崇厚派兵鎮壓。豐大業公然向天津知縣劉杰開槍，並擊傷劉之隨員。民衆情緒更爲激動，遂將豐大業毆斃，又乘勢焚燬法國教堂、育嬰堂，領事館及數所英、美教堂，打死洋人二十名。此事震驚中外，英、美、法等七國聯合向清政府提出抗議，並集結軍艦以示威。朝廷下詔曾氏，命他前赴天津，處理此事。

近代史上的教案，是最令各級政府頭痛的大事，尤其是地方官員，簡直視教案爲畏途，因爲無論怎樣處置，結果都是不好。若得罪洋人，洋人憑藉堅船利炮會向朝廷施壓，朝廷則將這種壓力轉向地方官員，官員前途堪憂。若得罪百姓，則民心不服，怨恨四起，地方不得安寧，官員的仕途也將坎坷。教案發生在哪一個地方，則是該地主管官員的大不幸。圓滑官員的選擇是盡可能迴避，不沾邊。曾氏雖爲直督，但他已在朝廷業已批准的病假之中，他完全可以名正言順地選擇迴避，但曾氏却選擇了擔當。赴天津前夜，考慮到以沉疴之軀肩負如此重擔，很可能是有去無回。曾氏給兩個兒子預先交代了後事。後事主要有這麽幾條。

一爲死後，靈柩經運河由江南搬回湖南安葬。東西盡可少帶，沿途一概不收禮，祇求兵勇護送。

二爲所遺留的文字，祇給子孫觀覽，不可發刻送人，因爲可以存世者太少。

三爲修身之要，在於不忮不求。附所作不忮不求詩兩首。

四爲謹守勤儉孝友家風。

五爲善待諸叔及諸位堂兄弟。

這封囑托近兩千字，曾氏用了兩天的時間把它寫完。將赴天津，有許多軍國大事要處理要交割，況且身體狀況不好，曾氏卻在這樣的時候，花費如此心血來給兒子寫囑托，可見他對此事的重視。這種對家庭的責任感，對兒子成才成器的期盼心，貫注着曾氏生命的始終。它所彰顯的，固然是一個父親的愛心，更重要的是一個儒學信奉者對人類社會理念與信仰的堅守。

□力辨外國無挖眼剖心事

原文

早飯後清理文件。凡會客十次，內有山東丁中丞薦來之眼醫劉會和，診脉一次。圍棋兩局。中飯後閱包封文件。英國領事李蔚海等來見。申刻以後久睡，幾及兩時之久。蓋衰頹疲困，又目疾不能治事，遂爾怠慢若此，自愧亦自傷也。夜間仍睡，不治一事。二更四點睡。

本日辦一咨文，力辨外國無挖眼剖心等事。語太偏徇，同人多不謂然，將來必爲清議所譏。（同治九年六月十六日）

評點

曾氏因爲眼病厲害，精神上有很大的壓力，下午三點多鐘就睡覺了。大白天裏，居然一睡兩個時辰，這在過去是從來没有過的。但筆者揣摸，『怠慢若此』，除開身體原因之外，情緒上的原因亦不可忽視。曾氏在天津所辦的這件事，應是他極不情願辦的事，衹是出於職責和對朝廷的忠誠，他不得不勉力爲之而已。没有情緒上的支持，身體上的痛苦便可以上升爲主導，從而掌管着對行爲的控制。

曾氏日記中說，他今天辦了一個咨文，力辨外國人不會做挖眼剖心等事。現今存世的曾氏全集中已找不到這個咨文，但收有六月二十三日給朝廷的奏摺。摺中對挖眼剖心一事，有如下的調查文字：『至挖眼剖心，則全係謡傳，毫無實據。臣國藩初入津郡，百姓攔輿遞稟數百餘人，親加推問挖眼剖心有何實據，無一能指實者，詢之天津城內外，亦無一遺失幼孩之家控告有案者。』曾氏親自詢問數百個攔轎控告者，没有一個人握有挖眼剖心實據。又詢問天津城內城外遺失小孩的人家，也没有這樣的控告。應該說，曾氏的調查是廣泛而深入的。爲此，曾氏作出判斷：『此次詳查挖眼剖心一條竟無確據，外間紛紛言有眼盈壇亦無其事。』並分析：『蓋殺孩壞尸、采生配藥，野番兇惡之族尚不肯爲，英法各國乃著名大邦，豈肯爲此殘忍之行？以理决之，必無是事。』

挖眼剖心之說，應是天津教案爆發的直接事因，就單個案件的處理來說，也是此案是非判斷的最主要依據。正是基於對挖眼剖心之否定，曾氏定下處理津案的基調。但曾氏已預料到清議必不會容忍，後來果然如他所料。清議究竟是如何議論此案的。當時有一個名叫宋晋的朝廷中級官員所上的奏摺，可以視爲代表。宋晋說：『和局固宜保全，民心未可稍失。』『傳教之法國所在皆傳有損折幼童、挖眼挖心等事。此次天津百姓激於義憤，殺斃該國領事，隨在天主堂地窖内放出小孩，並於仁慈堂搜出幼孩及壇裝幼孩眼睛，大率以此爲詞，欲懲擅殺之罪，必究起衅之根。請飭該督速行查明曲直，秉公辦理，以釋民疑等語。』

洋教不爲大多數中國人所歡迎，洋人又憑藉自己的實力任意欺凌中國人，這應該是中國近代史上教案不斷的根本原因。津案衹是這些教案中的一個。民心與義憤，這就是清議所持的立場。對此，曾氏心裏也應該是明白的。究竟應該如何辦？這便是曾氏心中的糾結。晚年的曾氏被置於如此刀尖上，這祇能怪他的命不好。

□對懲治地方官一事不忍

原文

早飯後清理文件。見客一次。崇帥於辰刻、巳刻、酉刻來談三次。辰正診脉一次。圍棋二次。小睡一次。中飯後閱本日文件。見客二次。改片稿一件。

是日，因洋人來文，欲將府、縣抵命，因奏請將府、縣交刑部治罪，忍心害理，愧恨之至。又坐見之客一次。吴彤雲來一坐。小睡片刻。夜改照會稿一件，核科房批稿簿。眼蒙日甚。二更四點睡。

（同治九年六月二十二日）

評點

處理天津教案這件事，成爲曾氏晚年的一大心病。他常説的兩句話『外慚清議，内疚神明』，真實地道出他心中的痛苦。從這個痛苦中我們可以看出，他對津案的處置，有許多違心之處。爲何會違心？這是他迫於壓力。壓力固然來自朝廷，但根本的原因是來自洋人。

這就是弱國無外交！最令他慚疚的是，他違心地將天津地方官交刑部治罪。曾氏本不願意這樣做，但洋人在這點上態度强硬，非要天津地方官以命抵償不可，再加之專與洋人打交道的三口通商大

臣崇厚一再勸説曾氏接受洋人的意見。就在昨天的日記中，曾氏還寫道：『崇帥來，言洋人將大興波瀾，欷歔久之。』『欷歔久之』這四個字，讓我們感受到曾氏心中的痛苦、煎熬與無奈！

誠然，天津道、府、縣三級地方官後來所受到的革職流放的處罰，有其委屈之處。他們得到同情甚至贊揚，也都有其充分的道理。但若心平氣和地來評述這樁歷史舊案，處罰地方官，也並非完全没有道理。地方官最重要的職責，就是維持社會秩序，保護居住在這塊地方上的民衆的平安與人身安全。好的官員，應該防患於未然。

天津的各級地方官，既未防患於未然，當百姓與教堂之間的衝突早已暴露於世之後，也無任何得力的措施來處置，完全聽之任之，終於釀成社會大亂，不可收拾。這一點，當時協助曾氏的丁日昌看得很明白。他對朝廷説：『百姓紛紛聚衆，地方官不能認真彈壓，過誤似亦不輕。』應該説，天津地方官辜負了百姓對他們的期望，辜負了朝廷對他們的信任。面對着人上人的待遇，他們是大有虧欠的！從這點上來看，革職對於他們，並不爲過；即便是在今天，這等地方官，上級也必定會追究他們的應負責任，給予他們應有的處罰。

□因馬案重回江寧

原文

早飯後散行千步。清理文件，改信稿三件，約共改四百字。立見之客一次，坐見者一次。診脉一次。閲《通鑒》卅六卷廿葉。

接奉廷寄，馬穀山被刺客戕害，余調兩江總督，李少荃調直隸總督。幕府來一談。毛、丁二帥來久談，午末去。

中飯後散行千步。閱《通鑒》三十六卷五葉、三十七卷十九葉。添紀鴻兒信一葉，寫紀澤兒信三葉。出門拜毛煦初，久談。傍夕歸，小睡。夜將天津教案料理一番，見客一次。二更四點睡。（同治九年八月初四日）

評點

就在曾氏處於風口浪尖、內外遭罪的時候，南方的江寧府又出了大事。因爲這樁事，曾氏得以從天津教案中解脱出來，重返江督舊任。這樁大事，就是兩江總督馬新貽的被刺殺，即有名的晚清四大奇案之一的馬案。

同治七年七月下旬，朝廷在任命曾氏爲直隸總督的同時，任命馬新貽爲兩江總督。馬爲山東菏澤人，道光二十七年與李鴻章、郭嵩燾等一同考中進士。李、郭接下來點翰林，馬却因朝考未過關而外放知縣。馬於學問文章上或許不算很優秀，但在處世辦事上絶對是個長才。他以七品官起家，憑藉着團練在亂世中官運亨通。馬並未立有大功，居然在四十六歲那年便做到了閩浙總督，在官位上與曾、李等人平起平坐。

同治九年七月二十六日，馬新貽在江督衙門附近的校射場監督武弁課考，散考後在由校場回署途中，被一個名叫張文祥的刺客殺死。這樁刺殺案引起很大的轟動，之所以如此轟動，除開被刺者馬新貽地位極高外，還有許多的離奇。

其離奇之處主要有這麼幾點：一、被刺的地方乃刀槍晃晃戒備森嚴的演兵場；二、刺客與馬素不相識；三、事情做完後，刺客並不逃走，束手就擒；四、刺客堅稱没有受人指使，但又説『養兵千日，用在一時』；五、刺客身份復雜，既當過太平軍，又做過流浪漢，既開過小押店，又與海盜以及馬身邊的人有交往；六、刺客既聲稱是爲報私仇，又稱回民馬新貽與回族叛亂者勾通，此舉乃爲朝廷除害。這樁大案真個是撲朔迷離，疑點重重。先前的魁玉、張之萬没有審出個水落石出，後來曾氏與朝廷專門指派的刑部尚書鄭敦瑾一道，也没有將此案弄個一清二楚。

據當時親眼觀看殺張文祥現場的人回憶，張當時判的是凌遲處死的極刑，即不是一刀斃命，而是一刀一刀地宰割，讓罪犯在極度的痛苦中死去。張在行刑時毫無懼色，至死也没有叫過一聲。場中數萬名圍觀者都齊聲叫好，稱贊他是一位鐵打的硬漢子。張死後，這件案子隨即被演繹成不同的故事，以多種藝術形式流傳於街道巷尾、茶樓酒肆，爲人們所津津樂道。其中流傳最廣的故事，説的是張文祥仗義爲朋友報仇。

咸豐五年，馬以革職知縣的身份在廬州辦團練，一次被捻軍俘虜。這支捻軍的頭目便是張文祥。張有兩個結拜兄弟曹二虎、石錦標。三人商量，以釋放馬爲資本，改投朝廷。馬欣然贊同，帶着這三人及其一伙子兄弟歸順朝廷，組建山字營。馬依靠會打仗的山字營屢立戰功，步步高升，直到官拜安徽布政使。後來，馬看中曹二虎的美妻，爲長期霸佔，借故殺了曹二虎。張爲此憤然不平，遂離開馬，隱居山中，勤習武功，借此報仇。後來果然在江寧演兵場上演出這場震驚海內的刺殺案。

這個故事雖然情節生動，主題鮮明，但不能使人完全相信。世間有爲父母報仇、爲妻子兒女報仇而情願身受極刑的人，但爲一個結拜兄弟而付出如此代價，似乎總令人難以理解。世上有不少永遠無法破解的疑案，馬案祇不過是其中之一罷了。人類應該以寬容之心對待這些疑案。它讓人類的生活更充滿着傳奇性，也讓人性與社會性更具復雜性，更富有魅力。

□第五次陛見

原文

早，於寅初三刻即起。寅正二刻自寓起行，大轎至東華門，換坐小轎至景運門。卯初至內務府朝房，與軍機沈經笙、李蘭生、文博川先後一談。旋與恭王一面，即退至東路九卿朝房，與黃恕皆等久談。

巳正叫起，因入乾清門內養心殿之外軍機坐處一坐。巳正三刻入養心殿之東間，叩謁皇太后、皇上聖安，旋即叩頭恭謝天恩。

西太后問曰：『爾何日自天津起程？』

對：『二十三日自天津起程。』

問：『天津正兇曾已正法否？』

對：『未行刑。旋聞領事之言，俄國公使即將到津，法國羅使將派人來津驗看，是以未能遽殺。』

問：『李鴻章擬於何日將伊等行刑？』

對：『臣於二十三日夜接李鴻章來信，擬以二十五日將該犯等行刑。』

問：『天津百姓現尚刁難好事否？』

對：『此時百姓業已安謐，均不好事。』

問：『府、縣前逃至順德等處，是何居心？』

對：『府、縣初撤任時，並未擬罪，故渠等放膽出門，厥後遣人諭知，業已革參交部，該員等惶駭，始從順德、密雲次第回津。』云云。

問：『爾右目現尚有光能視？』

對：『右目無一隙之光，竟不能視，左目尚屬有光。』

問：『別的病都好了麼？』

對：『別的病算好了些。』

問：『我看你起跪等事，精神尚好。』

對：『精神總未復原。』

問：『馬新貽這事豈不甚奇！』

對：『這事很奇。』

問：『馬新貽辦事很好。』

對：『他辦事和平、精細。』

旋即退出殿門以外。歸寓，見客四次。中飯後又坐見之客三次。旋出門拜恭邸及寶尚書鋆家，燈後始歸寓。見客二次。寫本日日記簿。二更二點睡。（同治九年九月二十六日）

評點

同治九年十月十一日，是曾氏的六十初度誕辰，朝廷記得這件事。九月中旬，十五歲的同治皇帝為他親筆書寫『勛高柱石』四個大字，又親書『福』字『壽』字各一方，外加銅壽佛像一尊、紫檀嵌玉如意一柄、蟒袍一件、吉綢十件、綫縐十件，由軍機處專人送至天津。曾氏在謝恩時請求南下之前陛見。九月二十五日，曾氏來到京師。第二天上午，兩宮太后與皇上在養心殿召見他。

且看他們君臣之間說了些什麼話。

慈禧太后說：『你哪天從天津動的身？』曾氏回答：『二十三日從天津動的身。』慈禧說：『天津教案中那些殺人的兇手殺了沒有？』曾氏應對：『還未殺。剛聽到法國領事說俄國公使即將來天津，法國公使羅淑亞將派人來天津驗看，所以沒有立即殺。』慈禧說：『李鴻章打算在何時將那些兇手問斬。』曾氏應對：『我在二十三日夜間接到李鴻章的來信，打算在二十五日將這批兇手問斬。』慈禧說：『天津的老百姓現在尚刁難官府喜歡鬧事嗎？』曾氏應對：『現在老百姓都已安靜下來，都不愛鬧事了。』慈禧說：『天津知府與天津知縣先前逃到順德等地方，他們為什麼要這樣？』曾氏應對：『天津知府與天津知縣剛撤職時，並沒有給他們定罪，故他們可以放心出門，後來派人告訴他們，現在都已撤職交刑部審核。他們都很害怕，於是從順德、密雲相繼回到天津。』慈禧說：『你的右眼現在還有光，能看東西嗎？』曾氏應對：『右眼一綫光都沒有，完全不能看東西。左眼還有些光。』慈禧說：『別的病都好了嗎？』曾氏應對：『別的病算是好些了。』慈禧說：『我看你起立、下跪等表現，精神還算好。』曾氏應對：『精神總還是沒有復原。』慈禧說：『馬新貽這件事真的是很奇怪！』曾氏應對：『這件事很奇怪。』慈禧說：『馬新貽辦事辦得很好。』曾氏應對：『他辦事辦得平和，辦得精細。』

前前後後，慈禧太后說了十句話，曾氏也應對了十句話。看來真正陛見的時間也不過就是十多分鐘。從對話中可以看出，慈禧關心的是這樣幾件事：一是兇手殺了沒有，二是天津現在安定下來沒有，三是天津知府知縣為什麼要擅自離開天津。曾氏眼下去南京，首要之事便是處置馬新貽被刺殺的案子。關於這件事，似乎理應多說幾句，但慈禧祇說了兩句話。不過，細加琢磨，這兩句話中也有不少信息。一是慈禧對此事也大感意外。兇手為何要做這件事，她也沒有獲得確鑿的答案。二是慈禧對馬新貽的印象是好的。雖然祇是寥寥兩句話，對於一個長期游身宦海的老官僚來說，曾氏也可以從這兩句『天語』中悟出許多，對於他即將要做的事情有重要啓迪。

除開公事外，慈禧也問及曾氏的身體情況。這既體現出朝廷對老年臣工的關心，也可以看出女性執政者的溫情一面；尤其是她能記住曾氏的病目是右眼，女政治家的細心，在這裏得到很好的體現。

□第六次陛見

原文

早飯後，在寓稍一徘徊。辰初三刻出門入朝，在景運門內九卿朝房聽候傳宣。巳初三刻後，蒙召入內，在內朝房小坐。巳正三刻進見。

西太后問：『爾在直隸練兵若干？』

對：『臣練新兵三千，前任督臣官文練舊章之兵四千，共爲七千。擬再練三千，合成一萬，已與李鴻章商明，照臣奏定章程辦理。』

問：『南邊練兵也是最要緊的，洋人就很可慮，你們好好的辦去。』

對：『洋人實在可慮，現在海面上尚不能與之交戰，惟尚設法防守。臣擬在江中要緊之處，修築炮臺，以防輪船。』

問：『能防守便是好的，這教堂就常常多事。』

對：『教堂近年到處滋事，教民好欺不吃教的百姓，教士好庇護教民，領事官好庇護教士。明年法國換約，須將傳教一節加意整頓。』

問：『你幾時出京？』

對：『萬壽在邇，臣隨班行禮後，再行跪安請訓。』

太后旋與帶見之六額駙景壽説話，命余明日無庸遞牌。旋退出殿外。

歸途，拜單地山先生。到寓後，坐見之客四次。中飯後，坐見之客二次。出門拜客四家，僅黄恕皆得晤，久談，日晡歸。夜圍棋二局。將上年別敬簿核對一過，應拜者記出。二更三點睡。（同治九年九月二十七日）

評點

第二天，慈禧太后繼續召見曾氏。這次陛見的時間更短。君臣之間一説一對，不過四個回合而已。

慈禧説：『你在直隸訓練了多少兵？』曾氏應對：『我訓練新兵三千，前任直督官文按過去的辦法訓練四千兵，加起來共有七千。我原打算再練三千，合起來共一萬人馬。這事已經與李鴻章商量了，他會照我的辦法去辦。』慈禧説：『南方練兵這件事也是最要緊的。如何對付，就很值得考慮，你們要好好地去辦理。』曾氏應對：『對付洋人一事，實在使我們焦慮。現在海面上，我們還没有實力與他們打仗，唯有設法防守。我打算在長江入海口的緊要地方修築炮臺，用以防備洋人的輪船。』慈禧説：『能够防守住便是好，洋人的教堂就經常鬧事。』曾氏應對：『教堂近來到處鬧事，滋生是非，教民喜歡欺負不信教的老百姓，傳教士們則喜歡包庇教民，而領事官員則又喜歡包庇教士。明年法國來改換條約時，必須對於傳教這一方面的内容加以整頓。』慈禧説：『你哪一天離開京師？』曾氏應對：『太后的萬壽誕辰在即，我跟隨大家行完禮後，再來請求太后、皇上訓示。』

這次對話的要點是對付洋人，着重又在教案上。慈禧與曾氏都討厭洋人在中國傳教，討厭教會，都爲教案而頭痛。由此我們知道，教會與中國人的衝突是絶對不可避免的。因爲不衹是老百姓排斥教會，整個中國，從高層到民間，其實都是排斥教會的。

□最後一次陛見

原文

早，卯正三刻起，吃飯，料理等事。於辰初二刻出門，道途泥濘，不敢坐轎，雇車一輛。行六刻，至巳初始抵景運門。余本日具摺請訓，已早奉傳宣召見矣。亟進乾清門，至内奏事處，與六額駙景壽同坐。約三刻許，始進養心殿東間。

慈禧皇太后問：『爾幾時起程赴江南？』

對：『臣明日進内隨班行禮，禮畢後三兩日即起程前赴江南。』

問：『江南的事要緊，望你早些兒去。』

對：『即日速去，不敢耽閣。』

問：『江南也要練兵。』

對：『前任督臣馬新貽調兵二千人在省城訓練。臣到任，當照常進行訓練。』

問：『水師也要操練。』

對：『水師操練要緊，海上現造有輪船，全未操練。臣去，擬試行操練。長江之中，擬擇要隘處試造炮臺，外國洋人縱不能遽與之戰，也須設法防守。』

問：『你從前用過的人，此刻好將尚多麼？』

對：『好的現在不多。劉松山便是好的，今年糟踏了，可惜！』

問：『實在可惜！文職小官也有好的麼？』

對：『文職小官中，省省都有好的。』

問：『水師還有好將麼？』

對：『好將甚少。若要操練輪船，須先多求船主。』

太后少停，未問。旋告六額駙曰：『令他即可跪安。』

余立起退至簾前，復跪請聖安。旋即出乾清門。至東華門外，拜客五家，惟官中堂及寶大司農兩處得會。申初至恭王處，未會。歸寓已酉初矣。夜圍棋二局。將本日公事及各處送禮稍一查閱。二更三點睡。（同治九年十月初九日）

評點

這是曾氏離京南下回江督原任前夕的一次陛見，也是他一生最後的一次陛見。爲了這次陛見，曾氏六點多鐘即起床，坐車踏過泥濘之路，直到十點來鐘纔進養心殿。與過去的幾次陛見一樣，照例是與慈禧太后的對話，談話不多，時間也不長。

慈禧說：『你哪一天啓程去江南？』曾氏應對：『我明天進内官隨班向太后行禮祝壽，禮畢後兩三天即啓程去江南。』慈禧說：『江南的事很緊迫，希望你能早點去。』曾氏應對：『我很快就趕去，不敢耽擱。』慈禧說：『江南也要訓練軍隊。』曾氏應對：『前任總督馬新貽調二千兵在省城訓練。我到任後，自當照過去一樣繼續訓練。』慈禧說：『水師也要操練。』曾氏應對：『水師的操練要緊，海面上現在已有我們自己造的輪船，全部都没有操練。我去了後，打算試行操練。長江上，打算選擇險要狹窄的地方試着建造炮臺，即便不能在短期内與洋人交仗，也必須設法防守。』慈禧說：『你從前用過的人中，好的將領現在還多嗎？』曾氏應對：『好的現在不多了。劉松山便是一個好的將領，今年陣亡了，可惜！』慈禧說：『實在是可惜！文職中的小官員們也有好的嗎？』曾氏應對：『文職小官員中，每省都有好的。』慈禧說：『水師中還有好的將領嗎？』曾氏應對：『好的將領很少。若是要操練輪船，還必須多尋找好的船長。』

慈禧所關心的，仍是練兵的事，因爲兩江總督還兼南洋通商大臣，所以又特别詢及水師的事。

從曾氏日記中所記録的七次陛見中，我們可以看出陛見究竟是怎麼回事。按當時的規矩，皇帝不召見四品以下的官員，所以中下級官員一輩子都不可能有與皇帝對話的機會。能够得到皇帝的召見，對於四品以上的官員來説，也是很榮幸很難得的事情，故而除開那些可以經常見到皇帝的大臣外，其他人尤其是長期在外做官第一次進宫面見的官員，都會感到既神秘興奮又緊張惶恐。據説左宗棠第一次陛見時，就因爲緊張，告辭時將放在一旁的帽子忘記拿了。後來還是靠幕僚出的主意，用一千兩銀子買通李蓮英，悄悄地從養心殿裏拿了出來。左宗棠的膽子和氣魄够大的了，他都在『天威咫尺』時緊張如此，一般人的心態就可想而知了。

當然，曾氏與一般人不同。他曾經長期在道光皇帝身邊工作，咸豐登基之後，曾氏已官居二品，是能經常見到並有與咸豐對話機會的大員。故而，他這七次與兩宫太后及未成年的同治皇帝見面時，心情上不會感到太緊張。但曾氏是一個拘謹的人，對於這種場合，他自然是每個細節都會循規蹈矩的。兩宫太后與同治皇帝對曾氏的召見，也自然會是按章辦事的。至於這個『章』，應是按立功老臣的『章』，與别人有所不同罷了。

所以，我們是可以從這七次見面，來看當時的陛見的。

陛見的情形是：一、都是君問或説，然後臣應對，臣决不會自己提出什麽話題。二、君的問或説簡單，臣的應對也簡單。比較起來，君的話更簡短。三、雙方的話都極普通，没有多少實質性的東西。四、陛見時的話不多，時間不長。由此可知，所謂陛見，主要是君臣之間見個面，彼此增加感性認識。其次是君示臣以禮遇。接連的多次見面，也主要是君給臣以更高一點的禮遇，並非有許多的話要説。這樣看來陛見時，做臣子的其實用不着緊張，應對是容易的，但做臣子的不能不緊張。這緊張是來源於『禮儀』：等級與氛圍所造成的威嚴。由此也可看出『禮儀』的重要性。

□爲慈禧太后祝壽

原文

是日慈禧皇太后萬壽。寅初起，飯後二刻七分出門。坐轎，泥濘，直至卯初二刻始至景運門，在兵部報房久坐。旋由景運門穿過隆宗門，又在工部朝房一坐，直至辰正始隨皇上在慈寧門外行禮。禮畢，在朝房吃點心，江西按察使俊達所備也。

旋出門，至黄恕皆家久坐。午初二刻出，至寶佩珩家。渠請戊戌同年，賓主凡七人。午正三刻登席，申正二刻散。余回寓已燈上矣。寫昨日日記。寓中人預祝生日。改信稿一件。將應送别敬之人再加料理一番。二更四點睡。（同治九年十月初十日）

評點

今天是慈禧太后三十六歲初度。作爲一個社會人，慈禧是少有的幸運者；但作爲一個女人，她其實是悲哀的。她已經做了九年的寡婦。四年之後，她將再次面臨沉重的打擊：她的獨子同治皇帝去世。青年喪夫，中年喪子，慈禧心中的苦痛該有多大！

在人們的印象中，慈禧是一個奢華的、講排場的人，但從曾氏的日記來看，她三十六歲的生日過得也並不鋪張。慈禧生日的活動衹有一項，即同治帝帶着一班大臣在她所居住的慈寧宫門外行一個禮而已，她本人連面也没露，更没有辦壽筵。曾氏行禮完畢後，衹在朝房内吃點心；而這份點心也不是朝廷的公費，是江西按察使俊達所準備的。曾氏吃完點心後即出宮，並没有在宮内多停留。

整個壽慶簡單又儉樸，這是曾氏給我們提供的真實細節，它讓我們看到歷史的另一面。

□有没有同治中興

原文

早飯後清理文件。坐見之客二次。

是日，梅小岩、孫琴西請游後湖。辰正出署，至太平門城樓小坐。同游者爲薛慰農山長、桂薌亭觀察。旋出城登舟，行七里許，登岸至老洲湖神廟一看，小坐半時許。午初二刻返棹。清風徐來，一散炎熇之氣；荷香撲鼻，不以盛暑爲苦。

回至太平門，升輿進城，至妙相庵。未初二刻登席，酒半，大雨。席接荷池，雨盛荷喧，景物清快。席散，又在廟中游覽。

出廟，陸行二里許，至通心橋登舟，行八九里許，至大中橋小泊。點燈，余船張燈八十三炷。同行之船，各張五六十燈及十餘燈不等。行至下游，遇商民燈船，約三四十號燈，最多者與余船同，喜復略見太平景象矣。至夫子廟登岸。

回署。閱本日文件，核批稿各簿。三更睡。（同治十年六月初八日）

評點

太平軍、捻軍相繼平定之後，官方曾大肆渲染好日子重返人間。史家因此稱之爲同治中興。持反對意見的人，則認爲這純屬朝廷的自我美化。晚清期間從來没有過所謂的中興時期。其實，這兩種説法並非都對，也並非都錯，祇是説者的視角、立場不同罷了。在筆者看來，對人類社會爲害最大的是天災與人禍，戰爭又是人禍之最。一旦戰爭止息，人類自身求過好日子的强烈願望，與人類自身能過好日子的强大能力，都會自然而然地將人類社會推往好日子的方向驅使，日子也必然會一天好過一天。立足於這樣一個再簡單不過的思維之上，筆者相信，與十多年間相互殘殺而帶來的民生凋敝、元氣殆盡相比，祇要不遇到大的天災，安定的秩序是可以讓社會逐漸復蘇，百姓的日子是可以一天天好起來的。曾氏這天的日記可以爲證。

在忙碌的案牘生涯裏，曾氏爲自己放了一天的假。因爲是和平時代，人們能够感受到荷花的香氣和四周景物的清新，能够看到商船民船上點燈多達數十號，最多者甚至可以與總督大人的官船相比。須知這一天非年非節，祇不過是一個極普通的夏日而已，人們用不着以格外的裝飾來點綴太平。曾氏也完全没有必要用虚假的文字來粉飾自己的政績。我們從秦淮河上民船裝燈這一點上，可以感受到結束戰爭七年之後，這個六朝舊都逐漸恢復的烟水之氣。其實，這點不需要執政者有多大的本事，祇需爲民衆提供一個安定的環境便行了。老百姓祇要不流離失所、不擔驚受怕，他們就會自己打理好各自的日子的。

□湖南哥老會係曾國荃舊部

原文

早飯後清理文件。見客三次，衙門期也。旋又見唐協和，談甚久。渠自京回，述及京中士大夫多言湖南哥老會係沅弟之舊部，沅弟有庇護之説，聽之殊堪詫异。沅弟歸里，已閲四年，閉門自飭，不與公事，乃有此等謡言相污耶！

旋請人診脉一次。圍棋二局。核科房批稿簿。中飯後閲本日文件。至内室一坐。傍夕小睡。夜，曹鏡初來，久談。改信稿三件。二更五點睡。（同治十年十月二十五日）

評點

曾氏這天的日記中説，從北京回來的唐協和告訴他，京師士大夫較多人説湖南的哥老會是曾國荃的舊部，而老九對他的哥老會舊部庇護。曾氏認爲這是謡言，是對老九的污蔑。曾氏的日記雖衹是簡簡單單的一兩句，其實透露的却是一個大的消息。那就是湘軍中有哥老會，哥老會就在曾國荃的吉字營中，而這又幾乎成了衆人的共識。

哥老會是明末清初反清復明的天地會中的一個支派，很早便由閩粤一帶傳入四川，四川的哥老會即袍哥，歷來在社會上很有勢力。四川奉節人鮑超是湘軍中的重要將領，他將哥老會帶進湘軍。哥老會既然奉反清爲宗旨，自然爲朝廷所不容，湘軍自然也嚴禁哥老會。但哥老會以義爲先，彼此抱團打伙，互相幫助。這種『義』對江湖中人來説十分需要，何况每天都要面臨死傷考驗的軍營中人。所以儘管嚴厲禁止，但湘軍中的哥老會依舊暗中存在，尤其在湘軍成爲勝利之師又遭到遣撤的時候，哥老會便成爲湘軍裏的主心骨。

有歷史研究者指出，近代中國長江中下游一帶會黨勢力特别大的原因，就是因爲哥老會中人滯留在這一帶。滯留者多半是湘軍中的遣撤人員。這些人不願意再回老家做一個良順之民，他們便嘯聚在長江中下游兩岸。這些人的組織者與領導者，多半是哥老會中人。到了清末，他們成了長江中下游底層社會中的强大勢力。這股勢力被革命黨所利用，成爲推翻清朝廷的重要力量。

所以，若要追溯大清王朝滅亡的原因，曾氏難辭其咎。他的勝利，不僅造就了數以百計擁兵自重不聽中央調遣的湘淮地方文武，也在民間廣播數以萬計與朝廷離心離德的强悍種子。他們直接或間接與革命黨聯合，共同推翻了清朝廷。這當然不是曾氏的願望，但大勢如此，他無法阻擋。

關於這一點，他和他身邊極親近的人早已窺測到了。同治六年六月二十日夜裏，曾氏與他的心腹幕僚趙烈文有一段非同一般的對話。趙烈文説：『以烈度之，异日之禍，必先根本顛僕，而後方州無主，人自爲政，殆不出五十年矣。』曾氏説：『吾日夜望死，憂見宗祏之隕，君輩得毋以爲戲論？』趙烈文能預見日後中國會出現『人自爲政』的局面，這是因爲他已看到湘軍將領坐大的苗頭。曾氏爲什麽没有批評趙的狂悖而願早死，這是因爲曾氏心裏認同趙的預見，並深知自己在此一後果中所負的責任。儘管智者早已預見，但其勢滔滔，個人之力是不可能逆轉的。

對於哥老會，曾氏當然是反對的，所以他對於京師紛傳曾國荃之事，甚感詫异，并力辨其污。這是他出於爲兄弟護短的天性。其實，湘軍中尤其是吉字營中的哥老會情况，曾氏心裏是清楚的。早在同治五年八月初十日，曾氏在給四弟國潢的信中便說：『哥老會之事，余意不必曲爲搜求。』從這句話中，我們可以看到他有意爲此事網開一面。因爲哥老會員太多了，衹宜寬鬆對待，不宜逼迫太急。接下來，他說得更明白：『即實缺提鎮之最可信爲心腹者，如蕭孚泗、朱南桂、唐義訓、熊登武等，若有意搜求，其家亦未必全無軍裝，亦難保別人不誣之爲哥老會首。』蕭、朱、唐、熊等人都是吉字營中的大將，曾老九的死黨，他們與哥老會之間的關係，曾氏早已清楚。『詫异』云云，應該不是出於事情的本身，而是爲『京中士大夫多言』所發：怎麽這件事情，京師中很多官員都會知道？

家事

古話説『君子之澤五世而斬』，但近代有一個家族至少五世之中人才輩出，其良好家風綿延之久，爲中國文化史所少見。這個家族便是曾氏家族。毫無疑問，曾氏本人爲曾氏家風的創立貢獻最大。曾氏的齊家理念，在他傳世的一千多封家書中有較爲完備的體現，他的日記也常有家事的瑣碎記載。這些記載有助於我們更多地瞭解公衆視野之外的曾氏。

同治六年三月，曾氏次子紀鴻出天花，從十四日出現症狀到四月初十日平安度險，二十六天裏，曾氏每天的日記都要提到這個兒子。他詳細記載兒子的病狀、服藥、吃東西的情況，在兒子病情沉重之時，他竟然『因心緒怫亂，謝絶諸客』，一個數十年來的工作狂，甚至變成『竟日未甚治事』的怠工者。兒子病好之後，他親自設宴感激兩位醫生。而這之前，曾氏生活中另外一個與他有着極爲親密關係的人因病去世，令人詫异的是，從日記中看來，他的反應却甚是不合情理。這個人便是陳氏妾。

咸豐十一年十月，五十一歲的曾氏在安慶兩江總督衙門迎娶比他小二十九歲的陳氏妾。同治元年四月二十九日，陳氏妾病逝。此女跟曾氏生活了十九個月。這段時期，歐陽夫人與子女均在湖南老家，曾氏的日常生活皆由陳氏妾照料。按常態，曾氏對陳氏妾應有感情。但日記的記録，却不是這回事。陳氏妾病危時，其母痛哭，曾氏未哭。陳氏妾去世後，其遺體料理，均是她的母親與兄嫂爲之，曾氏未參與。從陳氏妾死的那天到出殯的三天裏，曾氏照往常一樣地辦公、寫信、讀書、下棋。是曾氏很厭惡陳氏妾嗎？他的日記説，陳氏妾『謹守規矩，不苟言笑』，看來又不是這樣。那麽，如此的不合常情常理，其背後究竟隱藏着什麽原因呢？這是一個頗爲值得關注的細節。它似乎不是一個『感情』二字便可以概括得了的。筆者曾經爲此在小説《曾國藩》中演繹了一番情節，有興趣的讀者不妨去讀一讀。

□教九弟讀書

原文

早起，寫郭、胡、硯珊小條三行，飯後寫完。走岱雲處議事。岱雲擬欲送家眷南旋，昨日邀余走伊家商量，余謂此事非他人所能參謀。岱雲意猶豫不決，留我吃飯。飯後，余少青在岱雲處長談，又同走鄭小山前輩處。因小山夫人言將來我家，故去走邀。

夜歸，與九弟言讀書事。九弟悔從前讀得不好，若再不認真教他，愈不能有成矣。余體雖虛弱，此後自己工夫尚可拋棄，萬不可不教弟讀書也。（道光二十一年十二月十四日）

評點

道光二十年臘月下旬，曾氏夫人歐陽氏携剛滿周歲的兒子紀澤來到北京，同來京師的還有曾氏父親麟書及九弟國荃。一家人住進剛裱好的棉花六條衚衕。進京近一年的曾氏，算是在京城安了家。曾氏父親在北京住了三個多月，於道光二十一年閏三月中旬離京回湘，老九則留了下來。

老九比大哥小十三歲，此時纔十八歲，留在北京的目的，顯然是爲了有一個好的環境：在大哥指點下把書讀好，多認識些層次高的人，在京師多見點世面。在道光二十一年的日記中，我們常看到曾氏『爲九弟點生書』、『爲九弟點書』的記載。看起來是兄在盡職教、弟在認真讀，一派兄友弟恭的和睦氣象。其實，事情並不如此簡單。茲抄録道光二十一年十月十九日曾氏給父母信中的一段話：

『九弟體好如常，但不讀書。前八月下旬迫切思歸，男再四勸慰，詢其何故。九弟終不明言，惟不讀書，不肯在上房共飯。男因就弟房二人同食，男婦獨在上房飯。九月一月皆如此。弟待男恭敬如常，待男婦和易如常，但不解其思歸之故。男告弟云：凡兄弟有不是處，必須明言，萬不可蓄疑於心。如我有不是，弟當明爭婉諷。我若不聽，弟當寫信禀告堂上。今欲一人獨歸，浪用途費，錯過光陰，道路艱險，爾又年少無知，祖父母、父母聞之，必且食不甘味寢不安枕，我又怎能放心？是萬萬不可也等語。又寫書一封，詳言不可歸之故，共二千餘字。又作詩一首示弟。弟微有悔意，而尚不讀書。十月初九，男及弟等恭慶壽辰。十一日男三十初度，弟具酒食肅衣冠，爲男祝賀。嗣是復在上房四人共飯，和好無猜。』

從這封信裏可以看出來，老九在北京時不好讀書，執意要回家，竟然有一個月的時間不願意與嫂子、侄兒在一起吃飯。不想讀書、想家，對於一個十八九歲的年輕人來説都好理解；長達一個月裏不與嫂子同桌吃飯，這裏透露的是另一番信息，即小叔子對嫂子有意見。小叔子長住哥哥家，叔嫂之間本不易相處。老九是個性格倔强的人，歐陽氏要與這種性格的小叔子相處得好，的確很難。曾氏『與九弟言讀書事』的日記，就寫在這樣的背景下。

面對着已有悔意的弟弟，做哥哥的決心不顧身體的虛弱，寧願拋棄自己的工夫，也要好好教弟弟讀書。但老九仍未在京師長期待下去。第二年七月，終於離開北京城回家。三年後，大哥還專門做了四首七律送給九弟，稱贊老九『屈指老沅真白眉』，又回憶弟弟當年在京的學習生活：『違離予季今三載，辛苦學詩絶可憐。王粲辭家遭多患，陸雲入洛正華年。』不管怎樣，一年半的京城生活，對正處在人生觀形成之重要時期的未來吉字營統帥來説，一定是一段難忘而有益的歲月。

□歐陽夫人家世

原文

早起，心多游思。因算去年共用銀數，抛却一早，可惜。讀史十葉，與內人圍棋一局，連會客三次。晚飯後，靜坐，不得力。寫信請樹堂來寓，暢談至五更。本日會客時，有一語極失檢，由『忿』字伏根甚深，故有觸即發耳。樹堂至情動人，惜不得使舍弟見之興感，又惜不得使霞仙見之也。說到家庭，誠有味乎！言之深夜，留樹堂下榻。（道光二十三年正月初二日）

評點

今天是大年初二。昨天曾氏出門拜了大半天的年，很疲倦，今天遂在家中未出門。我們且看年初二的曾氏是如何過的。

一早起，算去年的開支，用了整整一個早上。接下來，讀十四頁史書，與夫人下了一盤圍棋，接待前來拜年的三起客人。吃過晚飯後，靜坐，但功效不大。寫信邀請同鄉好友馮卓槐（字樹堂）來家，暢談至五更天，後留馮在家裏睡。曾氏感嘆，這麼一個至情至性的人，可惜老九與劉蓉（字霞仙）没有與他見上面。曾氏又想起與客人談話時有一語很不檢點，實在是自己『忿恨』之心太深的緣故。

這一則短短的文字，可以讓我們看到曾氏的性格與爲人上的某些方面：一是精細，在銀錢事上不馬虎；二是喜歡朋友，喜歡與朋友聊天；三是反思自我已成習慣。

日記中說到『與內人圍棋一局』。與夫人下棋這樣的事，曾氏在之前之後的日記中幾乎未再提過。筆者想，曾氏絕對不會祇與夫人下過這一局棋，而不過是不在日記中記載罷了。趁着這次難得的提到『內人』，我們就來簡單地說說其內人的家世。

曾氏夫人複姓歐陽，衡陽人，其父歐陽凝祉（又名滄溟，字福田）與曾氏父親曾麟書爲好朋友，兩家的聯姻當源於此。歐陽家是一個很特殊的家庭，其特殊之處在於一門三寡。歐陽凝祉的曾祖壯年去世，後一年其祖又離世。曾祖母與祖母兩代寡婦撫養凝祉的父親惟本。不料凝祉三歲時，父親又棄世。小小的凝祉，是在三代寡婦的撫育下長大的。三代寡婦以節孝聞名遠近，同心合力支撐家業，歐陽家又慢慢興旺起來。曾祖去世時，家中每年祇有二十石穀的收入，到曾祖母晚年，家中竟然每年可收一千石穀。而且，三代寡婦均高壽：曾祖母享壽九十，祖母高齡九十六，母親也活到八十三。歐陽凝祉在『節孝之門』的家風熏陶下，品行端方，力學成材，一生以教書爲業，適館課徒四十年，主講蓮湖書院十年，直到七十歲時纔放下教鞭。

歐陽凝祉二十歲時與邱氏結縭，共育有二子二女。同治六年，兩老結婚六十年，時夫婦均爲八十歲，遠遠近近的人都來祝賀這人世間難得的花燭重圓之喜。經歷了百年磨難的歐陽家，終於贏來家道的中興與社會的敬重。

歐陽夫人是家中的老二，上有一個兄長，下有一個弟弟一個妹妹。道光十三年曾氏考中秀才。這年冬天，十八歲的歐陽氏進了門。歐陽夫人初通文墨，能執筆寫信，也還能陪丈夫下圍棋，這應該歸功於歐陽家族耕讀家風的影響。歐陽夫人爲曾氏生下三子六女，其中長子與五女殀折，活下來的有七個孩子。歐陽氏在同治十三年即丈夫去世兩年後病逝，夫婦合葬於今湖南長沙市郊平塘。

□治家貴嚴

原文

讀《司馬遷傳》，閱《朱慎甫文集》。夜溫《天人策》。在坐，曲肱枕息片刻。早，刑部直日。入內，旋至刑部，已正歸。聽兒講《鑒》三葉：王忠嗣爲朔方節度兼河東，與張仁願並稱。會客四次。夜，黃芾卿來談。

治家貴嚴，嚴父常多孝子，不嚴則子弟之習氣日就佚惰，而流弊不可勝言矣。故《易》曰：『威如吉，欲嚴而有威，必本於莊敬，不苟言，不苟笑。』故曰威如之吉，反身之謂也。（咸豐元年七月二十二日）

評點

中國傳統的治家觀念，其主流方面是主張嚴的，故有嚴父慈母之說。代表主流意識的父親，通常以嚴肅、嚴格的形象出現，慈祥、慈愛的角色則由非主流的母親去扮演。『棍棒之下出好人』的觀念，爲多數人所信奉。但也有不少家庭不嚴，如富貴之家，如獨子之家，如老年得子之家。這些家庭的孩子從小在富裕嬌慣的環境中長大，上進心缺乏，不能吃苦耐勞，又習慣於以自我爲中心，沒有敬畏之念，故而難以成器，有的甚至不能成人。

此時的曾氏，已是朝廷二品大員，毫無疑問，他的家庭是富貴之家。曾氏深懼其家人染上京師紈絝子弟的陋習，對從嚴治家看得很重。

縱觀曾氏的治家，儘管他對子弟的學業也要求嚴格，他也希望子弟能科舉順利，沿着這條正途晋身入仕，這從他爲後輩的乳名分別以甲、科、鼎、盛爲冠即可看出，但我們還是可以清晰地看到曾氏對子弟的要求，更嚴格的方面是他們的做人，即良好的道德和品性的灌輸與培植。作爲富貴之家的家長，曾氏爲子弟的成才成器所藉助的主要手段便是打掉他們的依恃。

官家子弟最大的本錢就是『依恃』二字，一依恃錢財，二依恃權勢。曾氏要求家中保持寒士家風：『吾家現雖鼎盛，不可忘寒士家風味，子弟力戒傲惰。戒傲以不大聲罵僕從爲首，戒惰以不晏起爲首。吾則不忘蔣市街賣菜籃情景，弟則不忘竹山坳拖碑車風景。昔日苦況，安知异日不再嘗之？自知謹慎矣。』曾氏要求家人『有福不可享盡，有勢不可使盡』：『余蒙先人餘蔭忝居高位，與諸弟及子侄諄諄守者但有二語，曰「有福不可享盡，有勢不可使盡」而已。福不多享，故總以儉字爲主，少用僕婢，少花銀錢，自然惜福矣；勢不多使，則少管閑事，少斷是非，無感者亦無怕者，自然悠長矣。』曾氏要求家人不能打他的旗號：『船上有大帥字旗，余未在船，不可誤掛。經過府縣名城，可避者略爲避開，不可驚動官長，煩人應酬也。』

去掉依恃，嚴於德性。這應該是曾氏治家的要訣。